DES DROITS

DES SOUVÉRAINS

ET DES DEVOIRS

DES PEUPLES.

DES DROITS
DES SOUVERAINS
ET DES DEVOIRS
DES PEUPLES.

*Par M. A. F*****. auteur de la* Justification du Gouvernement des Bourbons.

Haud scio an pietate adversùs deos sublatâ, fides etiam et societas humani generis, et una excellentissima virtus justitia tollatur.

Je ne sais si une société peut exister, si la bonne foi peut régner, si la justice, la plus excellente vertu, peut faire valoir ses droits, lorsque toute piété envers les dieux sera éteinte dans le cœur des hommes,

CICER. *de Nat. Deorum. Lib.* II.

A PARIS,

CHEZ PILLET, Imprimeur, rue Christine, N.º 5.

Se vend A LYON,

CHEZ LIONS, Libraire, place Louis-le-Grand, N.º 19.

1815.

Imprimerie de J.-M. BOURSY, à Lyon.

AVANT-PROPOS.

Surgamus et œdificemus.

Levons-nous , et hâtons-nous de reconstruire.

ESDRAS , Lib. II , c. 18.

LORSQU'APRÈS 70 ans de captivité, les enfans de Juda rentrèrent dans leur patrie , quelque consolation qu'ils éprouvassent à la vue de ces lieux sanctifiés par les merveilles que le Très-Haut avait opérées en faveur de leurs aïeux ; quelque grande que fût leur joie, elle n'était pas complette , elle était imparfaite , et elle était même mêlée de beaucoup d'amertumes à la vue des ruines du temple et des remparts de Sion. Hélas ! ces ruines leur rappelaient les iniquités de leurs pères. Ils n'avaient pas oublié que le temple n'avait été détruit , et n'était devenu le repaire des serpens et des scorpions , que parce que leurs ancêtres l'avaient abandonné pour sacrifier aux dieux étrangers.

Au milieu de leurs malheurs , ils avaient appris que ce n'était que par un retour sincère à la foi de leurs pères, qu'ils pouvaient désarmer la colère du Ciel et se garantir de la fureur de leurs ennemis.

Rendus par un Dieu clément à leur patrie déserte ou envahie par des peuples infidèles , exposés aux vols , aux insultes , aux brigandages de leurs voisins, ils devaient , tout-à-la-fois, combattre, repousser leurs ennemis, et relever les murs de la ville sainte et ceux du temple. Déchirés de douleur, ils s'écrièrent d'une voix unanime : *Surgamus et ædificemus*. « Levons-nous, hâtons-nous de reconstruire » le temple de nos pères, partageons entre » nous l'ouvrage, que chacun travaille sans » relâche à la portion qui lui sera échue ; » laissons gronder autour de nous les mur- » mures et les cris des envieux, le Seigneur » nous soutiendra. » D'abord les railleries, ensuite la fureur et la rage de leurs ennemis les excitèrent et les animèrent. Il fallut songer à se défendre en travaillant : les uns étaient en védette, et les autres armés d'arcs, de lances et d'épées, poussaient les travaux.

« Ne craignez point, leur disait Néhémie, » les dangers qui vous menacent ; songez au » caractère de vos ennemis, aux intérêts que » vous soutenez, au secours que vous atten- » dez. Vous avez à faire à des idolâtres, à » des impies, vous allez combattre pour vos » frères, vos femmes, vos fils, vos filles et » vos maisons. C'est un Dieu fort, puissant » et terrible que vous servez et qui vous pro- » tége ; que de confiance, que de courage ne » doit-il pas vous inspirer ! »

Telle est, Français, votre situation. Après 25 ans de calamités, que soixante ans d'im- piété ont attirées sur vous et vos enfans, vous êtes enfin rentrés dans la possession de votre Roi légitime. Quelque grand que soit votre bonheur, prenez-y garde, il sera de courte durée, si vous ne travaillez tous ensemble à le consolider. Vous êtes entourés de ruines et d'ennemis. L'autel sur lequel le trône est fondé est encore enseveli sous les décombres de l'impiété. Il faut le déblayer, et peut-être le reconstruire. Car c'est la seule, unique et véritable base de votre cité politique.

Les loix et la justice sont l'enceinte et le boulevard extérieur d'un Etat ; la religion en est la forteresse principale. Au milieu des ruines de sa patrie, chaque Français doit concourir de toutes ses forces et de tous ses moyens à la reconstruction de l'édifice politique et religieux.

Entourés d'ennemis, nous devons et construire et combattre, tandis que ceux-ci travailleront à relever le sanctuaire des lois et de la justice, tandis que ceux-là s'occuperont à purifier et à reconstruire le temple où leurs pères sacrifièrent, les autres seront en védette, observeront les mouvemens de l'ennemi et se tiendront prêts au combat, et les combattront même par-tout où ils les rencontreront, et sous quelque livrée qu'ils puissent se déguiser.

Cet Opuscule est le grain de sable que j'apporte à la reconstruction de l'édifice social. Heureux ! si je puis ramener au pied des autels et du trône ces hommes égarés par les sophismes, qui, depuis 25 ans, sont la pâture d'une aveugle multitude.

La plus belle, la plus glorieuse, la plus durable des conquêtes est, sans contredit, celle que l'on fait sur les esprits. Avec la poudre à canon on peut humilier, asservir, anéantir, à 500 toises de distance, un ennemi, mais il n'est pas donné au guerrier de faire, d'un ennemi, un ami sincère.

.. *Cette gloire n'est réservée qu'au citoyen généreux qui, développant sans fiel d'utiles vérités, fait tomber les armes des mains d'un homme égaré, et le ramène sans effort sous les bannières de la raison, de l'ordre, de la justice et de son Roi.*

Je ne parle pas à ces hommes essentiellement corrompus, qui depuis tant d'années se sont vautrés dans la fange de l'immoralité, de l'anarchie et de l'esclavage. Insolens constitutionnels avec Mirabeau, sanglans démagogues avec Robespierre, vils esclaves sous un ignoble insulaire, tous les ressorts de leurs ames sont usés ; ils ne sont susceptibles d'autres sentimens que de celui de l'horreur à la vue d'un gouvernement qui doit mettre un terme à leurs crimes, à leur lâcheté, à leur ignominie.

Je les abandonne à leur honte et à leurs remords, si leur ame en est encore susceptible, ou à la justice humaine et divine ; elle seule peut en purger la terre. Mais je parle à ces hommes qui, distraits par leurs occupations journalières, ont rarement le temps de déterrer les vérités qui sont enfouies dans leur ame. Il n'est donné à aucun homme de présenter aux yeux de ses contemporains une nouvelle vérité morale et politique. Toute vérité a été constamment écrite et gravée dans le cœur des hommes. Un des caractères essentiels de l'erreur est d'avoir une date certaine et précise : tout ce qui, en fait de morale et de politique, est connu depuis hier, est faux. Aussi, tout homme qui se donne pour annoncer une découverte morale est nécessairement un fourbe ;

parce que celui qui a créé l'homme lui a donné
essentiellement tout ce qui lui était nécessaire
pour parvenir à la connaissance du vrai. On
peut lui aider à repousser les nuages qui obs-
curcissent dans son esprit les lumières natu-
relles, mais on ne peut lui en inculquer aucune :
comme un bloc de marbre renferme toutes les
statues, même l'Apollon du Belvedere, l'Her-
cule de Farnèse, de même l'homme renferme
toute vérité.

Heureux ! si je puis aider quelques-uns de
mes concitoyens à découvrir ces principes qui
se trouvent ensevelis dans leur cœur sous les
décombres du philosophisme. Je ne leur ap-
prendrai rien, mais je leur aiderai peut-être
à lire ce que l'Eternel a écrit dans leur ame.
Ils verront peut-être avec moi, dans les événemens merveilleux qui viennent de se succéder
sous nos yeux avec tant de rapidité, autre chose
que de ces scènes fabuleuses dont la représen-
tation peut égarer, tromper notre cœur quelques instans ; si dans ces scènes factices, notre
cœur se prête pour le moment à l'illusion, son
attendrissement finit avec le spectacle.

Ils apprendront peut-être avec moi que ce
n'est pas pour se jouer, que ce n'est pas pour
nous amuser, mais bien pour nous instruire,
que le Ciel a conçu le plan de ces sanglantes
tragédies dont le dénouement, dont la catas-
trophe est venu nous consoler et nous réjouir.

A Dieu ne plaise que, comme nos Philosophes, j'aie l'orgueil de régenter et les rois et
les grands, et les puissans et les sages de la
terre. Dans ce moment, où ils s'efforcent de
seconder les vues d'un Monarque bienfaisant

pour sonder les plaies de l'Etat et les guérir, je me contenterai de prier le Ciel qu'il détourne de dessus leurs têtes cet esprit de vertige et d'orgueil dont tout le peuple Français fut puni dans leurs prédécesseurs ; j'appellerai sur eux cet esprit de sagesse dont parle le Roi-Prophète. Et avec lui je m'écrierai : Placez , Seigneur , sur leurs têtes un Législateur , afin qu'ils sachent qu'ils ne sont que des hommes.

Constitue, Domine, Legislatorem super eos, ut sciant quoniam homines sunt.

DES DROITS DES SOUVERAINS
ET DES DEVOIRS
DES PEUPLES.

CHAPITRE PREMIER.

L'Autorité Royale est fondée sur la Loi Naturelle.

Est non scripta, sed nata lex, quam non didicimus, accepimus, legimus, verum ex ipsá naturá arripuimus, hausimus, expressimus.

Car il est une loi qui n'est pas écrite, mais qui est née avec nous. Nous ne l'avons ni apprise ni lue. C'est de la nature même que nous l'avons tirée. Sans instruction, sans préceptes, nous sommes portés à l'observer. Elle est gravée dans nos cœurs.

Cic. pro Milone.

LA même Providence qui préside à la formation et à la conservation des familles, jette les bases des empires et veille à leur salut. C'est par des lois générales qu'elle se plaît à gouverner, et c'est dans ces lois générales que le corps entier d'un état comme ses membres en particulier, trouvent leur stabilité.

Ces lois sont éternelles comme leur auteur ;

elles sont préexistantes aux empires comme aux individus.

Les bases ou les racines d'une constitution sont dans une famille préexistantes à la naissance des enfans , elles sont dans une monarchie préexistantes à la nation même. Développons cette idée.

Les bases constitutionnelles d'une famille reposent essentiellement sur l'alliance irrévocable de l'homme et de la femme , dans laquelle la Divinité est intervenue.

C'est Dieu ou la religion qui a présidé à cet établissement , à cette alliance ; c'est Dieu qui l'a formé , c'est Dieu seul qui pourra le rompre et le dissoudre.

Aussi ce sera par lui que ce mariage sera fécond , et ce sera par lui que le père règnera sur ses enfans.

Voilà la source de cette maxime religieuse et politique, *toute puissance vient de Dieu* , qui désole nos prétendus philosophes et législateurs , et que tous les perturbateurs de l'ordre social chercheront à obscurcir et à envelopper de nuages.

Si Dieu a présidé au pacte de famille , lui seul peut donner à cette famille la stabilité, la force et l'accroissement. Elle ne peut rien par elle-même , ni pour son bonheur ni pour sa conservation ; elle sera dans une dépendance perpétuelle à l'égard de son auteur. Il faudra qu'elle ait toujours à demander, et ses relations avec lui seront donc aussi constantes, aussi permanentes que ses besoins. Voilà la source de ses devoirs. De là la religion, de là le culte. Le culte sera intérieur pour la satisfaction et la reconnaissance de chaque individu; il sera extérieur, il sera public pour l'instruction et la reconnaissance de toute la famille envers son auteur et son conservateur. Le père de famille réunira sur sa tête et le sacerdoce et la suprême magistrature, parce que *toute puissance lui est donnée*. Melchisedech sera pontife et roi au milieu de son peuple : Anius sera roi des hommes et prêtre d'Apollon (1) : l'empereur de la Chine, comme représentant et comme l'image sensible du *Tien* (Dieu), sera son grand sacrificateur; en qualité de père commun de tous ses sujets, il sera à la tête du culte que l'on rend au Seigneur du ciel et de la terre. Outre le sacerdoce, le père de famille exercera la magistrature dans toute sa plénitude, il aura sur tous ses enfans et petits-enfans droit de vie et de mort, il fera la guerre ou la paix.

Abraham, nommé *Prince de Dieu* par les habitans de Heth, poursuivra, à la tête de ses

---

(1) *Anius idem rex hominum, Phœbique sacerdos.*

VIRG.

domestiques et de ses enfans , les armes à la main , les rois de la Pentapole , pour délivrer Loth son neveu et briser ses fers. Il fera un traité avec Mambré, chef de la famille des Amorrhéens.

Juda condamnera à mort Thamar sa bru , pour crime de fornication.

Voilà des familles, voilà de petits états. Ils sont constitués , ils ont leurs prêtres, ils ont des magistrats. Ils ont un culte , ils ont des lois. L'Egyptien , le Phénicien , le Syrien , le Grec ont tous un même code civil et religieux. Ils y trouvent les mêmes devoirs envers la Divinité, les mêmes devoirs à l'égard de leurs supérieurs , les mêmes devoirs envers leurs inférieurs. Tous reconnaissent la sainteté de cette loi et sa nécessité. Tous savent que, hors de cette loi émanée de l'autorité divine, gravée uniformément dans la conscience d'un chacun , il ne peut y avoir de force morale, d'obligation morale ; tous savent que les devoirs et les droits réciproques entre les hommes s'évanouissent , que la distinction du vice et de la vertu est une chimère.

Ce code n'est point écrit sur des feuilles volantes , les commentateurs ne l'altèreront pas ; les hommes pourront se disperser et s'iso-ler , chaque individu emportera avec lui un exemplaire de ces lois. Les langues se confondront , mais la langue dans laquelle est écrite cette loi divine, qui est intelligible à tous, sera inaltérable. Elle sera le type de toutes les lois réglémentaires qui doivent régir et gouverner les peuples ; chaque individu pourra juger de leur plus ou moins grande perfection, suivant qu'elles s'écarteront plus ou moins de celles dont son cœur est dépositaire. En un mot, chaque individu portera avec soi une mesure fixe, invariable et éternelle du juste et de l'injuste.

Maintenant sortons de l'enceinte étroite d'une famille, et suivons une colonie qui se transporte en de nouvelles contrées.

Enée, après le sac de Troie , ramasse les débris de la nation Phrygienne ; il va leur chercher un asile contre la fureur des Grecs. Ce n'est point un plébéien (1).

C'est un Seigneur (2), descendant et héritier de Priam. C'est sur le mont Ida qu'il prendra le

------

(1) Il n'y a jamais existé de souveraineté à laquelle on puisse assigner une origine plébéienne. Les annales du monde sont encore à produire ce phénomène. Que penser de nos savans législateurs qui posent une couronne sur la tête d'un caporal , en lui disant :

Le premier qui fut roi, fut un soldat heureux.

(2) Le mot de *seigneur* (senior) veut dire ancien, aîné. On est ancien , on est aîné, on est seigneur par sa souche. S. A. S. le duc d'Orléans , quoique plus jeune , est plus vieux que S. A. S. le prince de Condé.

bâton royal ou le sceptre. Mais c'est après avoir été pontife qu'il deviendra roi ; il sacrifiera aux Dieux en présence de ce malheureux peuple, et les Dieux seront dépositaires des conventions tacites qui vont se passer entre le nouveau roi et les nouveaux sujets. Il sera leur père, et ce titre emportera avec lui tous ses droits et tous ses devoirs.

Enée étroitement attaché par des nœuds que l'Eternel a formés, au sort et à la fortune de son peuple, bravera avec lui les tempêtes, refusera une couronne, un établissement qui n'est point celui que les destins lui ont promis, et à travers mille périls, il cherchera cette nouvelle patrie que les oracles lui ont fait entrevoir.

Sed nunc Italiam magnam Gryhœus Apollo,
Italiam Lyciæ jussere capessere sortes.
Hic amor, hæc patria est.

Les Dieux, les oracles, les sorts, ont assigné à cette colonie, l'Italie pour lieu de repos. Voilà sa patrie ; elle ne l'a jamais vue, n'importe ; les nouveaux colons l'aiment. Ainsi cette nation encore errante est déjà constituée ; ses lois ne sont pas sur du papier, mais elles sont dans le cœur de tous ; les bases de son gouvernement sont jetées, il sera monarchique, c'est-à-dire, paternel.

Cette famille, ou ce peuple Phrygien, vivra

long-temps sous le régime paternel; mais s'étant fortifiée, ses intérêts s'étant multipliés, ses relations extérieures s'étant accrues, ayant même fait alliance avec une autre famille, et une autre tribu, elle sera obligée d'amalgamer ses lois, ses coutumes, avec des lois et des coutumes étrangères; il faudra en faire un tout qui soit commun à l'une et à l'autre famille. Numa, Sabin d'origine, Romain par alliance, rédigera les lois des deux peuples, n'en fera qu'un code. Il ne convoquera pas les états-généraux, mais il consultera la nymphe Egérie, et c'est au nom de la Divinité qu'il parlera à son peuple.

Voilà les titres de tous les rois. Ils reposent sur la nature, c'est elle qui les a sanctionnés, ils sont aussi sacrés aux yeux de toutes les nations civilisées que ceux des pères aux yeux de leurs enfans. Aussi, prenons-y garde, les mêmes philosophes qui soulèvent une nation contre son roi légitime, qui lui apprennent à ne voir dans la personne de son souverain, qu'*un commis toujours révocable, que le premier domestique de ses sujets qui restent toujours propriétaires de l'autorité publique* (1) : les mêmes fous qui disent aux peuples que *les titres des rois, des princes, des monarques, des*

____

(1) Helvetius, *de l'Homme*, §. 9, n.º 9.
J. J. Rousseau, *Contrat soc.*, *liv.* 3, *chap.* 18.
Encyc. art. Autorité.

empéreurs, *des souverains reposent sur la cré-*
dulité, la crainte, la barbarie, la perfidie, la
superstition (1) ; *que les rois sont une classe*
d'êtres purulens, toujours la lèpre des gouver-
nemens, et les ennemis de l'espèce humaine (2) :
les énergumènes, qui, d'un style emphatique et
boursoufflé, disent aux ignorans, qui les écoutent, *que les rois sont des bêtes féroces qui*
dévorent les nations, les premiers bourreaux
de leurs sujets, des tigres déifiés par d'autres
tigres, des tyrans déifiés par la supersti-
tion (3) : prenons-y garde, dis-je, les mêmes
factieux qui soulèvent les peuples contre les
rois, soulèveront les enfans contre leurs pères.
Au sein de nos familles, ils feront entendre les
mêmes cris séditieux ; ils armeront le fils contre
le père. C'est au milieu des parricides qu'ils
trouveront des régicides ; et ce sont ces mêmes
hommes qui diront à nos fils, que *l'enfant ne*
doit plus rien à son père dont il n'a plus besoin (4).
Que l'autorité des parens ne s'étend pas sur les
enfans parvenus à l'âge de raison (5). *Que*

---

(1) Le Prophète philosophe, *I. Part. page* 7.
(2) L'évêq. Grégoire, à l'Assembl. conv. 15 nov. 1792.
(3) Syst. de la Nat. *tome* 1, *p.* 400.
Raynal, *Hist. Phil. tom.* 4. *liv.* 19.
Syst. de la Raison, *ch.* 2, *n.*º 27.
(4) J. J. Rousseau, *Contrat soc.*, *page* 5.
Encyclp. art. Enfant.
(5) *Dict. encyclop.* art. Enfant, *et* art. Gouvernement.

l'amour des enfans pour les pères , est plus l'ouvrage de l'éducation que de la nature, et n'est pas d'une obligation indispensable (1). En récompense de notre aveugle crédulité en leurs blasphêmes politiques, ils sèmeront dans notre propre famille la même anarchie qu'ils sèment dans l'état. Notre cœur, notre famille, notre ménage seront bientôt l'enfer; si déjà ils ne le sont, où nous expierons les blasphèmes journaliers que nous lançons contre la Majesté Royale ; et par une juste et effroyable punition, chaque père de famille épurera la coupe d'amertume dont il a abreuvé son souverain.

---

(1) Helvetius, *de l'Homme , chap.* 8.
Toussaint , *des Mœurs ,* 3.me *part. art.* 4.

CHAPITRE II.

Le despotisme est une suite nécessaire de la corruption des peuples.

> Si la peste avait des pensions à donner, elle trouverait aussi des adorateurs. ! ! !
>
> *Rapport du député Courtois à la Convention, sur les papiers de Roberspierre.*

Nous avons vu que l'autorité du père de famille était absolue dans son principe, que celle du Monarque qui renferme en sa personne l'autorité réunie de tous les pères de famille, l'était également.

Quoi ! me dira-t-on, une autorité absolue n'est autre chose qu'un despotisme ; et du despotisme découlent naturellement l'esclavage et la tyrannie ?

L'autorité absolue peut, il est vrai, dégénérer en tyrannie (1), comme aussi la liberté des peuples peut dégénérer en licence et

______

(1) Le despotisme ne signifie pas tyrannie, il signifie pouvoir souverain, et c'est dans ce sens que nous disons le despote de la Servie : ce qui ne veut pas dire le tyran de la Servie.

même en anarchie. De ce que l'autorité absolue peut dégénérer en tyrannie, doit-on en conclure que le Monarque absolu soit essentiellement un tyran, doit-on conclure de ce qu'un homme a la faculté de mal faire, qu'il soit un criminel ? Le père de famille peut aussi abuser de son autorité, il peut être un mauvais père, la nature s'égare quelquefois; anéantirons-nous l'autorité paternelle, pour quelques écarts de la nature, toujours rares ? Soustrairons-nous les enfans au joug bienfaisant de leur père ?

Mais au reste, me dira-t-on , quelle sera la garantie d'un peuple contre la tyrannie ? je pourrais aussi demander quelle sera la garantie du souverain contre l'insubordination de ses sujets ? Après les événemens du 20 mars 1815, la demande ne pourrait être indiscrète; cependant ma réponse sera facile. Un peuple aura contre la tyrannie du monarque la même garantie que des enfans pourraient avoir contre celle de leur père.

Pour développper cette idée, remontons encore une fois au berceau de la société civile, et plaçons-nous au centre d'une famille patriarchale.

Dieu, ou comme disent les philosophes, la nature (mot vuide de sens, si on n'y attache pas l'idée de Dieu), la nature a gravé dans le cœur du chef de famille une loi universelle, éternelle, irrésistible; c'est l'amour pour ses enfans. Cette loi est tellement forte qu'elle n'est pas même une vertu.

Dieu, ou la nature, a gravé dans le cœur des enfans une loi immuable, éternelle, irrésistible, c'est le respect des enfans pour leur père qu'on appelle piété filiale.

« Cette vertu, dit le philosophe de la Chine,
» est la loi éternelle du ciel, la justice suprême
» de la terre, le préservatif contre les vices,
» la racine de toutes les vertus, la mesure
» invariable de tout mérite; elle forme la
» Constitution du peuple qui lui est soumis.
» Elle forme la Constitution sacrée de toute
» organisation sociale et politique. Donnez au
» chef de l'État le cœur d'un père, à tous les
» sujets de l'empire la piété filiale pour le
» chef de la grande famille, tout sera dans
» l'ordre: et de l'ordre naîtront la prospérité
» et le bonheur (1). »

Plus la famille croîtra, plus l'amour paternel prendra d'accroissement. Sous les glaces de la vieillesse, son cœur brûlera d'amour pour ses arrières-petits-enfans. Plus l'enfant sera petit ou faible, plus il trouvera de protection près de son père ou de son aïeul. Et à son tour

---

(1) Morale de Confucius.

sous ses cheveux blancs, il sera pour eux un objet d'amour, de respect et de vénération.

Hors d'un écart monstrueux de la nature, on ne peut supposer ni concevoir qu'un père étouffant ces lois indestructibles, soit un tyran dans le sein de sa famille, et franchisse les puissantes barrières que le SANG a posées, si l'immoralité et le libertinage ne se sont point glissés et introduits dans sa famille, si de tristes et d'affreux soupçons ne fatiguent pas et ne déchirent pas son ame. Mais alors, des enfans bien nés, comme les fils de Noé, prendront un manteau, et marchant en arrière ils cacheront au public leur malheur particulier, et la turpitude de leur père.

Si, au contraire, tous les sentimens de la nature sont effacés, soit dans le cœur du père, soit dans le cœur des enfans, oh! alors, malheur à cette famille! Elle deviendra le séjour de la licence, de la discorde et de l'anarchie.

Sortons maintenant du cercle étroit d'une famille, et transportons-nous au sein d'un vaste empire. Si le monarque seul est corrompu, que peut sa corruption s'il ne trouve aucun agent pour le seconder.? Si les bras, si les yeux, si tous les membres de l'État, lui opposent une force d'inertie, il n'y aura point de révolte, (1) de la part du peuple, et il n'y

---

(1) Nous avons un exemple frappant de cette force

aura aucun acte de violence de la part du souverain, parce qu'il ne trouvera (comme nous
l'avons dit) aucun agent pour le seconder,
aucun ministre pour agir. Mais lors même qu'il
serait assez malheureux pour rencontrer des
êtres aussi corrompus que lui, ne serait-il
pas arrêté *subito* par la masse d'hommes qui
se présenteraient à ses coups, et son bras
ne se trouverait-il pas amorti à la vue de toutes
les victimes qui se présenteraient? Enfin ses
agens ne se rencontreront jamais sous sa main
qu'en raison de la corruption du peuple même.
Car ce ne sera que dans la sentine de l'État
qu'il les cherchera, et qu'il les trouvera.

En dépit de tous les modernes savans, en dépit de tous nos législateurs constituans, conven-
tionnels et autres, toute autorité quelconque
outre-passera, franchira les limites que la
raison universelle, la loi naturelle, la religion,
lui ont fixées, si les mœurs publiques ne lui
opposent une digue, si la religion n'a pas
conservé son empire.

---

d'inertie contre le despotisme dans la conduite du clergé
lors de sa convocation par Buonaparte. Il ne s'agissait
rien moins que de faire ratifier par le Clergé français,
des principes extravagans contre l'autorité du St.-Siège.
Le Clergé se tut, fut muet, et l'autorité du vainqueur
de Marengo, d'Austerlitz, d'Iena vint expirer aux pieds
de quelques évêques muets.

Peu de lois suffisent pour les bons, il n'y en a jamais assez pour les méchans. *In corruptissimâ republicâ plurimæ leges.* Tous les systèmes d'équilibre, de contre-poids, de balancement, de pouvoirs, viennent échouer et se briser contre l'immoralité.

Dans ce siècle primitif où j'ai montré l'autorité paternelle revêtue du sacerdoce et de la magistrature la plus vaste et la plus étendue, les mœurs étaient en vigueur; il y avait peu de lois et point d'écrites; mais à mesure que les hommes se sont éloignés de leur berceau, ils ont corrompu la loi, la religion naturelle. Ils ont divinisé leurs passions, ils ont oublié les principes éternels de toute justice. C'est alors que les législateurs ont paru, ils ont ramassé les débris épars des lois primitives, dans l'espérance de mettre une digue à la corruption générale, et plus les mœurs étaient féroces, plus les lois étaient atroces, comme l'observe très-judicieusement Montesquieu en parlant des lois japonnaises (1).

Les raisonnemens, les systèmes sont de nullité absolue contre les faits, et, l'histoire à la main, on confondra toujours tous les rêveurs politiques.

Si dans le principe de la monarchie fran-

---

(1) Esp. des lois, liv. vi, ch. xiii.

çaise nos rois rendaient la justice par eux-mêmes; c'est qu'il y avait peu à juger, et ce n'est que la corruption publique qui a fait pulluler les tribunaux, les avocats, les procureurs, etc.

Les 25 ans de révolution que nous venons de traverser, ne viennent malheureusement que trop à l'appui de cette vérité, et n'ont mis que trop à découvert la turpitude de nos législateurs, et de leurs systèmes.

Ils voulaient réaliser le rêve d'une république d'athées, ils ont mis la coignée au pied de l'arbre antique de la religion, ils ont sappé l'autorité paternelle, ils ont introduit cette loi scandaleuse du divorce, ils ont bouleversé les propriétés, ils ont rendu problématique toute autorité, à l'instant les lois ont pullulé, lois absurdes, cruelles, atroces, sanguinaires, fiscales, et dans 15 ans ils fabriquèrent infiniment plus de lois que Justinien n'en put réunir pour former son code, après 12 siècles d'existence qu'avaient eus la république et l'empire Romain. Voilà l'effet de l'immoralité et de la corruption.

La révolution française sera toujours et dans tous les siècles la réfutation perpétuelle et sans réplique de tous les novateurs et de tous les savans impies et systématiques.

Du cloaque de la corruption publique, de

la sentine de la révolution s'est élevé, au milieu de nous, un affreux et dégoûtant tyran; mais, qui l'avait créé? qui l'avait élevé sur le pavois? nos désordres, nos crimes, nos brigandages.

Entre un peuple et un souverain, la partie cesse d'être égale, si l'un d'eux est corrompu, et si l'autre est plein de candeur et de probité.

Un peuple corrompu sera insensible aux vertus modestes et pacifiques de son souverain, renfermées dans les bornes de son état; si la vie de ses princes est vuide de ces actions d'éclat qui étonnent l'univers, qui embellissent l'histoire, si elle ne fournit rien à la vanité des éloges, si la foudre et les éclairs n'environnent pas son trône, si son chef n'a pas de ces projets ambitieux qui troublent la paix du monde, qui renversent l'ordre des successions et de la nature, qui sèment par-tout la misère, l'horreur, la confusion, qui ne mènent à la gloire que par le crime, si les historiens, les poëtes n'ont pas des forfaits à pallier, ou des talens pernicieux à présenter à son admiration, semblable aux enfans de Noé, il s'écriera : *rendons notre nom immortel, et laissons à nos neveux un monument éternel de notre vanité.*

Il abattra et foulera aux pieds un trône qui n'est point assez élevé pour le dominer; sur ses ruines, à force de bras, il tirera de la fange un être obscur, et le placera à une hauteur gigantesque, il ne le croira haut, grand, puissant qu'autant qu'il sera petit, bas, foulé, humilié, écrasé. Un des paroxismes de sa corruption sera d'être insensible à la tyrannie; enfin elle sera à son apogée, lorsqu'il la chérira, qu'il se complaira au milieu des scènes toujours variées, toujours mouvantes, toujours sanglantes qu'elle présentera, lorsqu'il applaudira aux catastrophes qui se succéderont avec rapidité.

Sous le règne de la tyrannie, l'élévation, la chute d'un obscur affranchi, d'un Tigillin, d'un Séjan, amusera, divertira le peuple; il ne verra dans toutes ces scènes que des décorations de théâtre; il courra voir Néron jouer de la flûte et faire assaut avec les histrions du cirque, il jouira avec son empereur du spectacle de Rome en flammes, il chantera avec lui la prise de Troye (1); jamais sa ville n'aura été mieux illuminée que lorsque son tyran lui donnera en spectacle quelques milliers de prétendus malfaiteurs appelés chrétiens, enduits de poix, qui serviront de torches pour l'éclairer pendant la nuit. Il suivra le char de son tyran au milieu de ces flambeaux funestes, il applaudira avec fureur (2). Si cet Empereur

------

(1) *Xipilin ex Dio*, *pag.* 178.
(2) Sénèque Epist. 1.—4.

succombe sous le poids de ces forfaits, les regrets de tous les hommes pervers le suivront au tombeau (1).

Si c'est un soldat heureux qui ramasse au milieu des débris d'une révolution une couronne qu'il croit égarée, la posant hardiment sur sa tête ignoble, il marchera bientôt à travers toutes les loix, foulant et renversant tous les obstacles qu'il pourra rencontrer, il n'écoutera qu'une stupide et féroce ambition, il se croira grand en élevant son trône sur des montagnes de cadavres. Pour perpétuer chez les races futures le souvenir de ses fureurs, de ses brigandages, il élèvera des monumens gigantesques qu'il cimentera du sang de ses esclaves.

Envain ses peuples affamés lui demanderont que ces pierres se changent en pain : *Fac ut isti lapides panes fiant.* Il sera sourd à leurs clameurs.

---

(1) Ce prince si justement détesté pendant sa vie et au moment de sa mort, ne laissa pas d'avoir, lorsqu'il ne fut plus, des partisans zélés pour honorer sa mémoire; il s'en trouva qui pendant plusieurs années ornèrent son tombeau de fleurs. . . . . Son nom était favorable auprès d'une grande partie du peuple et des Soldats..... il ne faut point chercher d'autre cause d'une façon de penser si étrange et si dépravée que la Corruption générale des mœurs..... Néron avait gagné les soldats par des largesses. Tous les vices avaient trouvé en lui un protecteur déclaré.

Crévier, hist. des Emper. Néron, *in fine.*

Toutes les passions criminelles viendront corroborer sa puissance, et achèveront de jeter dans l'abjection la plus profonde un peuple jadis magnanime. Cette nation purulente adorera ce colosse d'impiété, d'infamie et de tyrannie. Il sera l'idole de tous les hommes pervers. Son empire sur les sots, sur les bruts ne pourra être comparé qu'à celui du grand LAMA dont le stupide Indou révère, comme chacun sait, jusqu'aux plus vils excrémens. Lorsqu'il croulera au milieu de ses projets, lorsque le vaste sein des mers qui l'a vomi sur nos côtes le réclamera, les YEUX de tous les criminels, de tous les hommes pervers seront attachés sur le vaisseau qui fuira chargé de cette peste publique ; ils le regretteront, ils ne pourront s'habituer à l'idée de son absence, *parce que tous les vices trouvaient en lui un protecteur déclaré.*

Il n'y a qu'une religion qui puisse écarter la tyrannie de dessus la tête des peuples et mettre le trône à l'abri des attentats du peuple.

Rome payenne nous offre 7 rois dont trois périrent sous le fer des assassins, et un quatrième fut détrôné ; des douze Césars, neuf périrent de mort violente ; de 40 empereurs depuis Domitien jusqu'à Constantin, vingt-deux furent massacrés. Ouvrez l'histoire de France, depuis Clovis jusqu'à nos jours, lisez, jugez et comparez, avec les 25 ans de révolution que nous venons de traverser. Alors vous serez forcé de dire avec le député *Roland Gaspard Lemerer*, qu'un jour, un seul jour de la courte vie de ces exécrables tyrans (les gouvernans révolutionnaires), est souillé de plus de forfaits que la France n'en reproche aux longs règnes de ceux de nos rois dont *elle a justement flétri la mémoire* (1).

Au milieu des nations corrompues, le trône est toujours le partage du premier factieux; ce sont des tyrans qui se culbutent, se renversent pour être bientôt à leur tour culbutés et renversés. Là, c'est une garde prétorienne qui donne au monde entier un Centurion pour maître; ici, ce sont des janissaires, qui tout d'un coup secouant les fers de l'esclavage se rendent libres quelques heures pour abattre un tyran, en élever un autre, et se recourber ensuite sous un joug cruel, ignominieux, qui n'a d'autre mérite que celui d'être nouveau, et peut-être de leur choix. Semblable à un malade couvert d'ulcères, un peuple corrompu ne peut se tenir sur ses pieds, il est constamment gissant. Dans l'excès de ses douleurs, son grabat devient son tyran, il fait un effort pour changer de position, mais c'est pour retomber aussitôt dans son état de faiblesse.

____

(1) Appel à la nation française.

CHAPITRE III.

Jamais peuple ne s'est donné la liberté ; il ne l'a obtenue que de ses Souverains ou par des circonstances qui lui sont étrangères , et alors cette liberté est précaire comme les événemens qui la lui ont procurée.

Civitas in libertate est posita quæ suis stat viribus , non alieno arbitrio pendet.

Il n'y a de véritable liberté pour une Cité , (ou pour un État) que lorsqu'elle existe par elle-même , et qu'elle ne relève d'aucun caprice étranger.

TIT. LIV.

L'HOMME *est né libre*, ont dit les Philosophes; *les Hurons , les Algonguins , les Hottentots , ont , au-dessus des nations civilisées , le don d'être essentiellement libres* (1).

Toutes les loix civiles , religieuses , et politiques sont donc , suivant nos docteurs , toutes contraires au droit naturel.

Et moi , je dis aux Philosophes, tout homme est né esclave , le Roi même sur son trône est un esclave couronné.

---

(1) Code des Nations , *pag.* 23.

C'est dans l'union de l'homme avec la femme que la société civile a jeté ses bases, et c'est dans ce contrat formé par la nature que nous devons rechercher la liberté de l'homme, *si elle existe.*

L'homme et la femme forment, dans leur union, un pacte synallagmatique, par lequel ils s'imposent réciproquement et des devoirs et des droits. De plus, ils stipulent entr'eux, et forment des engagemens solidaires envers des tiers qui n'existent point encore.

Ils se rendent donc doublement esclaves, esclaves l'un de l'autre, esclaves de ceux qui sont à naître.

Celui qui naît devient également esclave, et par ses besoins et par reconnaissance.

Si, comme le prétendent nos Docteurs, la liberté est acquise à l'enfant au moment où ses besoins cessent, et si la reconnaissance étouffée dans le cœur du fils ne lui dicte aucun devoir, la bienfaisance s'éteindra bientôt dans celui du père.

Quel intérêt, en effet, un père trouvera-t-il dans l'éducation d'un enfant, si, du moment où il pourra manger, boire, courir, il est dégagé de tout devoir à l'égard de son père ! Quel dédommagement aura-t-il pour ses peines ? Quel soulagement l'avenir offrira-t-il à cette mère qui, quelquefois pendant deux ans, aura nourri de sa substance son enfant, qui, dans les soins qu'elle lui aura prodigués, aura ruiné sa santé, et se sera semé des douleurs et des infirmités sur le chemin de la vieillesse ? Oh ! Philosophes, monstres de perversité, que vos pères ne possédaient-ils votre infâme doctrine ! ils vous eussent sans doute étouffés dans le berceau, et nous ne pleurerions pas aujourd'hui sur les ruines de notre malheureuse patrie.

Serons-nous encore étonnés si des pères philosophes, effrayés à la naissance d'un enfant, se hâtent de rejeter loin d'eux ce pénible fardeau, et si, à l'exemple de leurs Docteurs, ils rejettent dans le sein des hôpitaux, le fruit de leur hymen ?

Serons-nous encore étonnés si des pères de famille, élèves de Rousseau et d'Helvétius, suspendent le cours de la nature?.. Ces hommes instruits, savans, prévoient que l'enfant ne sera pour eux qu'une charge inutile, et que l'âge, en développant sa raison, développera son ingratitude.

Nous avons vu que l'homme naissait dans la dépendance de son père, que cette dépendance prenait sa source dans ses besoins. Mais ces besoins ne finissent pas avec l'enfance, la société lui est nécessaire pour être heureux, et la plus douce sans doute est celle de sa famille. Les liens du sang, les habitudes, la reconnaissance, les soins mutuels, les lieux qui nous ont vu naître, tout concourt à en cimenter la durée.

Ce sera la loi naturelle qui émancipera le fils et le détachera de l'autorité paternelle, et lui donnera la liberté. C'est dans la tendresse d'un père pour son fils, c'est dans son désir de le voir heureux qu'elle prend sa source; il sera libre du moment que le père verra dans cette liberté le germe de son bonheur futur.

Sous le régime des lois civiles, ce seront elles qui émanciperont le fils de famille, mais encore, le père pourra prévenir le moment fixé, déterminé par les lois, si son bonheur en dépend.

Passons encore d'une famille particulière au sein d'une nation. Les peuples en Europe, ont presque tous reçu des concessions plus ou moins étendues, suivant leurs besoins et les circonstances. Ces concessions ou priviléges faisaient exception au droit commun, ces priviléges une fois acquis constituaient les droits des peuples, les Souverains ne pouvaient s'en ressaisir que dans le cas où les peuples auraient forfait contre l'autorité souveraine. Ce sont nos Rois qui établirent, *de leur propre autorité*, les concurrens, et par-là donnèrent une existence civile à cette partie de la nation que l'on appela dès-lors Tiers-état. Ils firent exception au droit public alors existant : en cela ils agirent comme des pères qui prenaient sous leur protection immédiate, de petits enfans que les aînés maltraitaient.

Presque tous les peuples sous la domination féodale avaient reçu de leur souverain particulier, duc, comte ou marquis, des priviléges ou des indemnités en reconnaissance de tel ou tel service. Chaque province rentrant en vertu des lois féodales, sous la main de son souverain, stipulat pour la conservation de ses franchises, de ses immunités.

Le Dauphiné, dans sa réunion à la monarchie Française, en vertu du testament de Humbert, stipule pour la conservation de ses droits acquis par la libéralité de ses Dauphins, et qui faisaient exception au droit commun.

C'est ainsi que lors de la conquête de la Franche-Comté, le Parlement stipule pour les priviléges dont les villes, bourgs et villages étaient en possession, parce que c'étaient des droits acquis, *ex limine juris*. C'était par ces exceptions même que se confirmaient les droits des souverains.

Il résulte de ces principes qu'aucune famille, aucune nation n'a de liberté, n'a de droits que ceux qu'elle tient de son père et de son souverain, ou de circonstances qui lui sont étrangères.

Cette vérité devient sensible et palpable en ouvrant les pages de l'histoire. Prenons les annales de ce peuple-roi si jaloux de sa liberté.

C'est de la mort de Romulus décédé sans enfans que date son émancipation. Les rois qui lui succédèrent furent tous électifs, et dans l'élection de ses rois, le peuple Romain usait d'une liberté acquise par un événement qui était totalement étranger à sa volonté. L'élection de ses rois temporaires n'était que le prélude des élections consulaires. Car c'est une chose digne de remarque, que l'expulsion des Tarquins n'amena presqu'aucun changement dans la forme du gouvernement. Cette liberté acquise *par droit de succession* prit de la consistance sous les rois électifs. Ce furent eux qui établirent le sénat, les tributs, les centuries, les comices, le cens ou le dénombrement. La constitution de ce peuple ne fut pas l'ouvrage d'un législateur, sept rois y travaillèrent dans l'espace de 250 ans, elle ne fut point faite *à priori*, conçue et projetée d'avance. Ces rois savaient fort bien qu'on n'écrit pas la constitution d'un empire ou d'un état, pas plus qu'on écrit la vie d'un homme avant sa naissance. Sous ces rois électifs la république existait réellement, et c'est une chose remarquable, comme l'observe très-judicieusement M. l'abbé de Vertot (1), que dans cet état gouverné par un roi assisté

____

(1) Hist. des rév. Rom.

du sénat, les lois, les ordonnances , le résultat
de toutes les délibérations se faisaient *au nom
du peuple* , sans faire mention du prince qui
régnait, parce que les rois , dans leurs élections,
recevaient l'autorité des mains du peuple , et
que ce peuple n'était entré en possession de
l'autorité que par la mort de Romulus.

Le peuple en Europe qui parle peut-être avec
le plus de raison de sa liberté comme d'un bien
précieux , parce qu'il n'en abuse pas , ne la
tient que de son souverain.

Edouard III , le Sylvius Anglais (1) , en jeta
les bases par la concession purement *libérale et
gratuite* (2) de sa charte. Guillaume le conqué-

---

(1) C'est Sylvius Tullius qui , par ses institutions ,
assura la liberté de Rome ; c'est lui qui par l'émancipation ouvrit aux esclaves la porte de la liberté , et par
la suite l'entrée du *Forum.*

(2) C'est seulement dans ce sens qu'on peut employer
le mot *libérale ;* mais comme l'emploient les Docteurs
révolutionnaires , il est vide de sens , il est du nombre
de ces mots métapolitiques qu'ils mettent en avant chaque
jour , et que personne ne comprend , pour pouvoir y
attacher telle ou telle idée , tel ou tel sens , suivant les
circonstances et les personnes devant lesquelles ils les
emploient. Si Louis XVIII appelle *libérale* la charte qu'il
vient de donner au peuple Français : c'est dans ce sens
qu'elle est émanée de sa volonté *libre ;* qu'elle est de
sa part une concession gratuite. Car autrement elle serait
frappée de nullité absolue.

raut , appelé au trône des Anglo-Saxons , par le testament d'Edouard et non par des Etats-généraux , fut sacré et reconnu roi. Trois ans seulement après , il confirma , il ratifia *proprio motu* , la charte de son prédécesseur , et la fit rédiger en 22 art. Voilà la source et l'origine de la liberté Anglaise.

La liberté des peuples peut encore être le résultat d'événemens préexistants à la volonté de ceux qui l'ont établie ; alors cette liberté , qui est accidentelle, sera toujours chancelante, mobile , précaire comme les causes qui l'ont produite. C'est ce qui a fait dire à Machiavel qu'un peuple habitué de vivre sous un prince , s'il devient libre par quelque accident , conservera difficilement sa liberté (1).

L'antipathie des Suisses pour la maison d'Autriche, n'a pas été la cause de la liberté Helvétique, elle en a été le prétexte. Cette nation ne doit sa liberté qu'aux intérêts politiques de la France.

Que les Suisses parlent avec emphase de leur Guillaume Tell , de Melchtal , de Gysler , c'est fort bien pour amuser les pâtres d'Unter-

---

(1) Uno populo uso à vivere sotto un principe , se per qualche accidente diventa libero , con difficolto mantiene la libertà.

Mach. Disc. sur Tit. Liv. ỳ. 16,

vale ; mais qu'eussent fait ces bergers contre
toutes les forces réunies de l'Autriche, si la
France n'eût pas voulu rejeter loin d'elle les
frontières d'une puissance rivale ? C'est à la
France que les Suisses doivent leur liberté ;
c'est elle seule qui a forcé leur souverain à les
émanciper.

A qui la Hollande a-t-elle dû sa liberté ?
C'est à la trève de 12 ans, conclue à Anvers,
en 1609, entr'elle et l'Espagne, par la média-
tion de la France et de l'Angleterre. C'est à
l'intérét que la France avait d'affaiblir l'Espagne qui menaçait l'Europe d'une monarchie
universelle, que cette république doit son existence.

Qu'eussent servi aux Américains contre leur
métropole, leur fameuse déclaration des droits,
s'ils n'eussent pas trouvé un appui dans l'intérêt
mal-entendu de la France ? Ces peuples n'ont
point trouvé chez eux la liberté, nos boute-feux
Français la leur portèrent , et elle n'a trouvé
d'aliment que dans des intérêts qui étaient totalement étrangers à ces peuples.

Du moment où les causes qui ont engendré
ces libertés accidentelles , viennent à cesser,
du moment où les puissances qui avaient pris
part à leur création, à leur conservation, viennent à retirer leur appui , elles s'écroulent à
l'instant, parce qu'elles ne sont réellement

pas constituées , et qu'elles n'ont qu'une existence d'emprunt.

Les Hollandais veulent-ils *tailler du Grand*
avec Louis XIV leur protecteur, ce n'est qu'en se
cachant dans leurs marais fangeux qu'ils peuvent
se mettre à couvert de son indignation , et au
milieu de notre révolution , nous avons vu en
15 jours les fiers descendans des Barnvelt , des
Witth , des Ruiter , des Tromp , passer sous
les fourches caudines des rois à bonnet rouge
et des Bonaparte.

Nous avons encore vu les magnifiques seigneurs Bernois et Bâlois recevoir le même
affront ; parce que n'étant réellement assis que
sur des bases d'emprunt , ces gouvernemens
doivent crouler du moment qu'ils cessent d'être
soutenus , et qu'il n'y a de véritable liberté
pour un état que lorsqu'il existe par ses propres
forces , et qu'il ne dépend d'aucun caprice
étranger.

Il est donc bien constant et démontré que
les peuples comme les enfans , n'ont d'autres
droits que ceux qu'ils tiennent de la libéralité
de leur souverain ; qu'on ne dise pas que je
fais des esclaves , nous savons tous que les enfans , sous les yeux de leur père , ne participent
pas à l'esclavage. Ils ont des droits sans doute ,
à l'amour, à l'amitié , à la tendresse de leur
père ; mais ils ne peuvent les faire valoir que

par la piété filiale. C'est de leur devoir que naissent leurs droits. C'est dans leur soumission même qu'ils trouvent leur liberté.

Si , comme le dit Bernard-de-St.-Victor , toute doctrine est vraie, qui est universelle , éternelle, et non contestée (1), les principes que nous venons d'émettre sont vrais, car ils reçoivent la force d'une démonstration rigoureuse , de l'histoire de tous les peuples, de la tradition de tous les siècles, de la politique de tous les souverains , de la sagesse de tous les législateurs , du cri de tout l'univers ; je défie les plus intrépides philosophes d'en contester l'antiquité ; ils sont aussi anciens que le monde, je les défie d'en contester l'universalité ; ils sont aussi répandus que les sociétés civiles. Au contraire , leur doctrine n'est que d'hier : donc elle est fausse ; elle n'est point universellement crue : donc elle est fausse ; enfin , elle est fausse , parce qu'ils ne sont pas d'accord entr'eux.

Si , comme ils le prétendent, la vérité ne nuit jamais , leur doctrine est étrangement fausse ; car le mal qui en est résulté pour nous depuis 25 ans , dépose évidemment contr'eux. Les Droits de l'Homme, publiés avec emphase par une assemblée de factieux, n'ont été que la pré-

____

(1) Quod semper , ubique et ab omnibus.

face de cette sanglante tragédie ; ils n'ont été
que le prélude de cette longue et affreuse bou-
cherie qui émoussera tous les burins de l'histoire.

Les Droits des Peuples. Ah ! perfides législateurs, ne parlez pas aux enfans de leurs droits,
ils n'en ont point. Vous le savez, parlez-leur
de leurs devoirs ; car ils peuvent les oublier.
Le cœur d'un père, d'un Bourbon se dilatera
toujours assez au profit de ses enfans. Laissez
parler la nature, laissez parler la religion ; l'une
et l'autre seront bien plus fortes que vous ; elles
ont bien plus fait et feront bien plus, pour les
peuples, que vous. Les tendres accens de l'une,
les leçons terribles de l'autre, agiront bien plus
efficacement sur le cœur des rois, en faveur des
peuples, que vos furibondes et violentes décla-
mations.

Un Bossuet, un Bourdaloue, un Massillon
porteront au pied du trône et au milieu des
Grands, des vérités bien plus fortes, bien plus
salutaires ; ils sauront tout-à-la-fois, les tou-
cher, les épouvanter, les éclairer. L'un saura
humilier les grandeurs humaines au pied de la
mort qui les anéantit ; l'autre, fouillant sans
miséricorde dans les replis les plus secrets du
cœur des rois et des princes, ira attaquer les
passions dans leur germe, les suivra sous toutes
les formes, les forcera dans tous leurs retran-

chemens. L'un et l'autre apprendront aux souverains qu'ils sont dépositaires d'un grand pouvoir, qu'ils rendront, à celui-là qui le leur a confié, un compte sévère et rigoureux de l'usage et de l'abus qu'ils en auront fait, qu'ils doivent protection et sûreté à toute créature humaine qui naît dans leurs états, fût-il tombé des nues ou sorti des entrailles de la terre ; qu'ils ne peuvent sans crime étendre leur pouvoir au-delà des limites de la loi naturelle ; qu'ils peuvent tout ce que le bien de leur empire exige ; mais qu'ils ne doivent pas confondre leur orgueil, leur ambition, avec le bien-être de leurs peuples. Ils apprendront au souverain que, si les peuples lui doivent soumission, il leur doit justice, et que le plus grand délit dont il puisse se rendre coupable envers Dieu et envers les hommes, c'est de laisser marcher le crime tête levée au milieu de ses états ; que lorsqu'il néglige de s'acquitter de cette importante obligation, il est responsable des abus et des excès auxquels les peuples peuvent se porter en cherchant la justice ; ils lui diront que gouverner les hommes, ce n'est point les asservir, encore moins les écraser ; que régner n'est pas jouir, mais faire jouir les autres ; que c'est assurer, c'est maintenir contre la licence de la multitude les droits qui appartiennent à chaque individu ; que les hommes ne se sont soumis à un gouvernement que pour se soustraire à la violence ; que le pouvoir paternel des monarques n'a été institué que pour anéantir le pouvoir aveugle et féroce ou d'un tyran ou d'une populace effrénée.

Enfin la religion, dans la bouche de ses ministres, révèlera au monarque sur son trône, que la souveraineté est le plus grand de tous les pouvoirs, mais la moindre de toutes les propriétés ; que les rois, comme rois, ainsi que les pères de familles, n'ont rien à eux que le droit ou plutôt l'obligation de tout conserver à la société ou à la famille dont ils sont les tuteurs et les chefs. *Ad vos, ô reges, sunt hi sermones mei :* C'est à vous, rois, princes et grands, que mes leçons s'adressent, leur dira la religion.

CHAPITRE IV.

Les Législateurs n'ont fait aucune loi, ils ont seulement coordonné les lois préexistantes, ou développé la loi naturelle.

Hanc igitur video sapientissimorum fuisse sententiam, legem neque hominum ingeniis excogitatam, nec scitum aliquod esse populorum.

Tous les Sages ont pensé que la loi n'est point une invention des hommes, ni une convention des peuples.

Cic. *de leg. lib.* ii. *n.*° 14 *et suiv.*

LA Société civile dans son berceau, ne nous montre d'autre loi que la loi naturelle, et d'autre législateur que Dieu et la nature. La loi vient de Dieu, son esprit est là-haut et la lettre ici-bas. Elle lie, elle enchaîne et les rois et les peuples ; les sages l'écoutent, l'exécutent, la révèrent ; les fous la craignent, la redoutent, et s'efforcent de la faire disparaître.

Les hommes en se dispersant sur le globe, s'éloignant de leurs ancêtres, s'éloignèrent de la tradition. Ils ne tardèrent pas à s'égarer, l'erreur s'accrut avec les générations, et de nouvelles superstitions s'accumulant sur les anciennes, le plus grand nombre des hommes perdirent de vue la vérité, et se plongèrent dans la barbarie.

Au milieu des ténèbres qui couvraient les différens peuples, des hommes rares qui avaient échappé au naufrage presque universel des lumières, parurent comme d'heureux météores, ramassant des idées éparses et fugitives, que les peuplades avaient conservées de la Divinité. Ils fondèrent leurs lois sur la croyance d'une Providence qui punit et qui récompense. Ils ne créèrent rien, ils firent servir ce qui était créé, ils employèrent les matériaux qui étaient sous leurs mains à la construction de leur édifice politique.

La vérité ancienne, les erreurs nouvelles qu'ils ne pouvaient anéantir, entrèrent pêle-mêle dans leur code, et devinrent les élémens dont ils se servirent. Moins hardis que nos philosophes du 18.ème siècle, ne pouvant réformer, ils ne voulurent rien détruire, parce qu'ils ne voyaient rien de mieux à leur substituer, et parce qu'ils étaient convaincus que pour prescrire aux hommes une religion, ou pour réformer celle qui était établie, il fallait être revêtu d'une autorité divine ; que l'esprit de l'homme était trop borné pour discerner avec certitude quel était le culte agréable à la Divinité, ce qui faisait dire à Platon, en parlant du législateur : *Car il doit savoir qu'il n'est pas pos-*

sible à une créature mortelle d'avoir rien de certain sur cette matière (1).

Le principe de leur législation était simple. « Tu ne feras rien de bien dans les choses » humaines, si tu oublies le rapport qu'elles » ont avec les choses divines , et rien de bien » dans les choses divines si tu oublies le rap- » port qu'elles ont avec les choses hu- » maines (2). »

Moïse , le plus parfait des législateurs et dont les lois ont résisté aux ravages des siècles , ne fait autre chose que mettre par écrit les lois préexistantes et non écrites. Le Décalogue n'est le fruit ni de son génie ni de son imagination , ce n'est que la loi naturelle qui avait régi tous les hommes , mise par écrit. Les lois sur le mariage étaient en vigueur dès le temps des patriarches. Juda , fils de Jacob, avait déjà fait épouser à Onan , Thamar, veuve de son frère Her , et Sela, troisième fils, conformément à cette loi, devait encore l'épouser : ainsi Moïse, dans ses lois purement civiles , ne fut que rédacteur des lois préexistantes. Il n'en est pas de même des lois religieuses. C'est en cela qu'il fut réellement législateur , et que d'autorité divine il jeta *à priori* , pour l'étonnement des races

______

(1) Platon, dans l'*Epinomis.*
(2) Pensées de Marc-Aurèle.

futures, cet étonnant monument dont les ruines mêmes braveront les siècles à venir.

La religion les mœurs, et les coutumes des peuples étant les élémens de toutes les législations, les lois furent variées à l'infini; voilà pourquoi ce qui était défendu à Athènes, était permis à Lacédémone, et que ne pouvant jamais dire qu'une loi était *positivement* bonne, on se contentait de dire qu'elle était bonne *relativement* aux mœurs du peuple qui s'y était soumis.

Le Romain très-attaché à ses lois, à ses institutions religieuses et civiles, en faisant la conquête de l'univers ne s'avisa pas de porter son code, au milieu des nations qui se soumettaient à ses armes. Il ne crut pas que ses lois étaient essentiellement bonnes, et que par conséquent elles devaient régir et gouverner tous les peuples sous tous les climats; et ce peuple conquérant n'eut pas la sotte vanité de se croire législateur universel, parce qu'il lui eût fallu amener tous les peuples à l'unité de religion, et que certes il n'avait pas de motifs et de raisons pour faire donner aux Egyptiens la préférence à Jupiter-Capitolin sur leur Oziris et leur Anubis.

Alexandre soumet à ses armes une partie du monde connu et civilisé, mais il n'est législateur nulle part, parce que par-tout où il porte ses armes, il rencontre des nations civilisées. Il pourra bien faire, ainsi que Cyrus, des incursions chez les nations barbares et sauvages, telles que les Scythes ; mais il n'y établira aucun gouvernement fixe, parce qu'il n'a point de lois à leur donner, meilleures que les leurs.

L'histoire ne nous présente qu'un seul homme qui ait été conquérant chez des nations sauvages et barbares, et qui ait su imprimer à ses conquêtes, par la législation, le sceau de la perpétuité. C'est Charles, auquel l'histoire a décerné à juste titre le nom de *grand*.

Il entre en Saxe, pour réprimer des nations barbares qui désolaient ses frontières ; il les poursuit, il les punit, il leur prend des ôtages ; mais il n'a rien fait, l'année suivante, ils recommenceront leurs brigandages. Alors il se fera précéder par des missions, pour éclairer ces peuples sur leurs véritables intérêts. Sturme, abbé de Fulde, Villehalde, missionnaires, lui en prépareront la conquête, et sans effusion de sang, Charles réunira à son empire de vastes provinces, qui avaient non-seulement résisté aux armes Romaines, mais encore qui les avaient constamment insultées (1).

Le Christianisme établi sur les ruines du paganisme, au moyen de quelques prêtres, il

____

(1) Annales de Fulde.

donnera aux Saxons ses fameux capitulaires en 34 articles (1), et ces provinces continueront à faire partie intégrante de l'empire Germanique.

La religion seule civilise les peuples, et les législateurs ne font que suivre les progrès de la civilisation. Leurs lois n'ont de stabilité qu'autant qu'elles sont conformes à la loi primitive ou à la loi naturelle. Cependant, sous le meilleur, sous le plus juste des gouvernemens, l'humanité ne perd pas ses droits ; les hommes les plus sages peuvent s'égarer, s'écarter quelquefois, et se trouver en opposition avec l'équité naturelle.

Mais sous un gouvernement juste, l'orgueil ne consacre pas les erreurs, et elles sont toujours d'une courte durée.

Au reste, c'est une consolation pour les peuples, que de savoir que chez toutes les nations civilisées, les écarts du droit naturel n'ont jamais d'autre durée que celle des circonstances qui les ont produites. *Falsum stare non potest.* Rien n'est plus faux qu'une loi inique ; fût-elle gravée sur le marbre et l'airain, fût-elle consacrée à sa naissance par des millions de sermens, elle périra parce qu'elle est *fausse*, elle passera comme un funeste nuage. Philosophes, législateurs, rêveurs politiques, creusez votre cerveau pour écrire des *constitutions*. Si elles n'ont pour base la

-----

(1) Capit. tom. I, p. 251.

religion , seule et unique source de toute législation , votre encre , votre papier sont perdus.
Les peuples seront encore une fois dupes de leur
crédulité et de votre ignorance.Votre jugement
a été prononcé il y a bien des siècles. Ecoutez ce
que vous dit Platon : «Celui qui s'imagine pouvoir
» établir par l'écriture seule une doctrine claire
» et durable, EST UN GRAND SOT. S'il possédait
» réellement la vérité , il se garderait bien de
» croire qu'*avec un peu d'encre et une plume*,
» il pourra la faire germer dans le monde, la
» défendre contre l'inclémence des saisons et
» lui communiquer l'efficacité nécessaire.

» Celui qui entreprend d'écrire des lois ou
» des *constitutions* , qui se figure que parce
» qu'il les a écrites, il a pu leur donner l'évi-
» dence et la stabilité convenables , quel que
» puisse être cet homme , particulier ou légis–
» lateur , soit qu'on le dise ou qu'on ne le dise
» pas , il est déshonoré ; car il a prouvé par
» là , qu'il ignore également ce que c'est que
» l'inspiration et le délire , le juste et l'injuste,
» le bien et le mal. Or cette ignorance est
» une ignominie , quand même la masse entière
» du vulgaire applaudirait (1). »

Cette sentence de Platon n'exige aucun com-
mentaire. C'est un jugement définitif et sans

____

(1) Plat. *in Phæd. opp. T. X éd. Bip. p.* 381.

appel contre tous les *Seyes* passés et à venir.
Ils auront beau publier des DROITS DE L'HOMME ;
si ces droits de l'homme ne sont pas en harmonie avec les devoirs, et si les devoirs ne le sont
pas eux-mêmes avec la religion, qu'auront-ils
fait ? rien. Ils auront noirci du papier, trompé
et égaré les peuples, et comme Eole ils n'auront fait qu'amasser des nuages sur les objets
qui réfléchissaient le plus de lumière.

Ce ne sera donc ni l'encre ni le papier,
ni le marbre ni l'airain qui propageront une
vérité. Démasquer, confondre l'erreur, dissi-
per les nuages, voilà les seuls efforts dont
l'homme soit capable. L'évangile se répandit
rapidement sur la terre, sans le secours de
l'écriture et bien moins encore de l'imprimerie
qui n'existait pas. Jesus-Christ n'écrivit rien ;
son évangile était déjà connu et publié dans les
trois parties du monde avant d'être écrit ; parce
qu'il avait un rapport essentiel avec la vérité
gravée dans le cœur de tous les hommes. Les
évangiles ne furent écrits que long-temps après
leur publication, pour confondre les hérétiques
et les novateurs. Le CREDO était déjà connu et
admis dans toute la chrétienté, avant que le
concile de Nicée l'eût rédigé pour confondre
les Ariens. La loi salique n'a jamais été écrite,
et cette loi fondamentale de l'empire Français,
n'eût peut-être jamais vu le jour, *quoiqu'elle
existât*, sans l'usurpation d'Henri VI.

Les droits de l'homme publiés par le docteur Thomas Penn (1), sur les bords du Meschachebé, de l'Ohio, ont-ils fait beaucoup de prosélytes chez les Algonquins, les Illinois et les Iroquois, peuplades sauvages voisines ? ont-ils seulement fait la conquête d'une seule famille sauvage ? Non, certes; à la honte de ces législateurs philosophes, ils ne montreront jamais la plus petite bourgade civilisée par le seul *bon sens* ou la seule raison; tandis que nous avons vu quelques Jésuites, armés d'un catéchisme, réduire en corps de nation sous la domination Espagnole, des milliers de tribus. Mais laissons parler William Guthrie l'Anglais. Sa haine pour le papisme est connue, et son témoignage en sera d'autant plus précieux.

« A ces conditions, les Jésuites se char-
» gèrent volontiers de cette mission, et ouvrirent
» leur campagne spirituelle. Ils commencèrent
» par rassembler les familles errantes, aux-
» quelles ils persuadèrent de s'établir, et ils en
» formèrent une petite ville.

» Ce furent-là les légers fondemens sur les-
» quels ils élevèrent un édifice qui étonna le
» monde entier, et qui, en donnant un pouvoir

---

(1) Le docteur Thomas Penn prétendait qu'une constitution n'existait pas, tant qu'on ne la portait pas dans sa poche.

» immense à leur Société, excita ensuite l'en-
» vie et la jalousie des nations (*des philoso-*
» *phes-ministres*). Car après avoir jeté ces
» fondemens, ils travaillèrent avec tant de
» zèle et une *politique si adroite*, qu'ils adou-
» cirent les nations les plus sauvages, fixèrent
» les plus errantes, et amenèrent sous leur
» gouvernement celles qui avaient si long-temps
» résisté aux armes des Espagnols et des Por-
» tugais. Ils gagnèrent des milliers de tribus à
» leur religion, et celles-ci en engagèrent bien-
» tôt d'autres à suivre leur exemple, en repré-
» sentant la paix et la tranquillité dont ils
» jouissaient sous la direction des bons pères...
» On dit que plus de 340,000 familles étaient,
» il y a quelques années, sous la domination
» des Jésuites, vivant dans l'obéissance et dans
» une soumission qui approchaient de l'adora-
» tion. Et cependant ils avaient obtenu tout
» cela sans violence, sans contrainte..... On
» ajoute qu'ils pouvaient former une armée de
» 60,000 combattans, etc. (1) »

––––––––––––––––––––

(1) O stupides ministres ! ô stupides philosophes ! voilà
ces hommes que vous signaliez à l'Europe comme une
Société ambitieuse et dangereuse. Ils ont dans une partie
du monde éloignée, soixante mille combattans sous leurs
ordres. Pour les détruire et les anéantir, une seule bulle
du Pape suffit, et le chef de l'Eglise les fait rentrer au
néant, d'une seule parole, comme il les avait créés.

Nous terminerons cet article par une pensée de Cicéron, qui certes, en fait de législation, en savait bien autant que les avocats *Treilhard*, *Camus* et *Tronchet*.

« Tous les sages ont pensé que la loi n'est
» point une invention des hommes, ni une
» convention des peuples, mais la raison éter-
» nelle, ou la Sagesse suprême, qui régit l'uni-
» vers ; que cette loi primitive à laquelle toutes
» les autres doivent remonter, est l'Intelligence
» divine, qui commande le bien et qui défend
» le mal. De-là sont émanées les lois que Dieu
» a données aux hommes.

» Les lois humaines ne peuvent avoir, par
» elles-mêmes, la force de nous porter à la
» vertu et de nous détourner du vice. Ce pou-
» voir est plus ancien que les nations et les
» empires ; il est coéternel au Maître souverain
» qui gouverne le ciel et la terre. En effet,
» Dieu est essentiellement intelligent et sage.
» Il n'appartient qu'à cette perfection infinie
» de distinguer le bien ou le mal...Quoique sous
» le règne de Tarquin, il n'y eût encore à
» Rome aucune loi portée contre le viol, son
» fils n'en pécha pas moins contre la loi éter-
» nelle, en faisant violence à Lucrèce. Il fut
» rebelle à la droite raison et à la voix de la
» nature, qui inspirent l'horreur du vice et
» l'amour de la vertu ; loi qui n'a point com-

» mencé lorsqu'on l'a écrite, mais qui est aussi
» ancienne que l'Intelligence divine. La vraie
» loi, la loi primitive, source de toutes les
» autres, est donc la raison même du Dieu
» souverain. (1) »

___

(1) Cic. *de leg. lib. II.* n.º 14 *et seq.*

CHAPITRE V.

La Religion étant la base de tous les États civilisés, plus elle sera parfaite, moins ils éprouveront de secousses.

Sous le joug d'une religion qui fonde le trône sur l'autel, il n'y a point d'espérance pour les grandes révolutions.

RAYNAL. Hist. Philos. tom. 1.er *pag.* 133.

Cette vérité échappée à Raynal dans un de ses accès de fureur, vaut seule une démonstration complète; tout le secret de la révolution française est dans cette phrase, et elle renferme aussi tout le secret de la restauration. C'est un conjuré qui nous révèle le mal qu'il nous fera, et le remède que nous pourrons apporter aux maux qu'il aura faits.

Cependant, fidèles au plan que nous nous sommes tracé, nous tâcherons de donner à cette vérité l'évidence la plus sensible et la plus palpable, en invoquant le témoignage de l'histoire.

Aux notions générales et universelles d'un seul Dieu, succédèrent avec une corruption générale les idées du polythéisme. Les peuples, en augmentant la masse de leurs connaissances humaines, ne firent qu'augmenter les absurdités de leur religion, et sur les ruines de la vérité, les fables prirent un accroissement monstrueux, sous la plume de leur poètes, et de leurs législateurs.

L'on vit bientôt chaque peuple, chaque particulier se créer, se fabriquer, se forger des dieux, des divinités à leur gré, à leur caprice, les charger de fonctions ridicules, viles et absurdes, leur attribuer leurs passions, et par conséquent déifier tous les vices dont leurs cœurs étaient pétris, les honorer par un culte souvent cruel et presque toujours criminel.

Qu'on ne nous dise pas que cette monstrueuse religion était seulement pour la classe du bas peuple. — Non, elle était commune aux rois, aux magistrats, aux législateurs, aux savans, aux poètes, aux *philosophes.* Et nous voyons, long-temps après la publication de l'évangile, encore un philosophe nous dire très-savamment que *tout est Dieu*, et qu'il est absurde de penser que tout étant Dieu, *les parties ne sont point divines* (1), et que par conséquent on doit, avec les Egyptiens, honorer les poireaux, les oignons ; avec les Grecs, les arbres, les fontaines, les vents, le feu, etc.

Au milieu de cette corruption universelle de

----

(1) *Celse, lib.* x, n.º 2 et 6.

morale et de religion, toutes les bases des sociétés civiles furent ébranlées. De-là, cette multitude d'États et de Républiques que l'œil le plus exercé du chronologiste peut à peine suivre dans leur apparution et disparution; de-là, ces vastes et monstrueux empires des Égyptiens, des Assyriens, des Mèdes, des Perses, qui, fondés par la violence, engloutissent d'autres États, pour disparaître ensuite à leur tour devant une poignée de Grecs, qui font en dix ans la conquête de presque la moitié du monde connu. L'empire qu'a fondé Alexandre n'ayant pas d'autres fondemens que ceux qu'il venait de détruire, éprouvera bientôt les mêmes déchiremens. Après s'être démembré, ses fractions viendront, les unes après les autres, se perdre, se confondre dans l'océan de l'empire Romain.

Toutes les monarchies, toutes les républiques, tous les empires, tous les gouvernemens enfin, avaient perdu leur étoile polaire au milieu des ténèbres qui obscurcissaient et voilaient aux yeux de tous les hommes la religion primitive ou naturelle.

Ils flottaient comme des vaisseaux démâtés, dans le sein des orages politiques.

Au milieu de cette nuit morale, jetons un coup-d'œil sur ce petit peuple placé par la providence, entre l'Afrique et l'Asie, sur les côtes de la Méditerranée , comme un phare pour éclairer les nations.

C'est le seul peuple dont l'histoire nous présente la constitution faite *à priori*. Il n'existe pas, il est encore à naître, et déjà les bases de sa législation future sont jetées. Elles reposent essentiellement sur l'alliance faite entre Dieu et ses pères.

Deux peuples consanguins doivent sortir du père des croyans, ils ne doivent point se confondre avec les autres nations; ils occuperont cet espace de terrain qui est entre le Nil et l'Euphrate. L'un sera nomade, errant, hardi, attaquant tous les peuples et attaqué de tous, plaçant sa tente au milieu de ses frères (1). Voilà la Constitution du peuple Arabe, enfant d'Ismaël, elle est dans les promesses de Dieu à Abraham son père. Il n'est pas encore ; voilà ce qu'il sera, et ce qu'il est aujourd'hui sous nos yeux.

L'autre sera une grande et forte nation dans laquelle toutes les autres seront bénies (2). Ces deux peuples ne se mêleront pas ensemble; les enfans de la femme libre ne se confondront pas avec ceux de la femme esclave. Au milieu des bouleversemens universels, ces peuples

____

(1) Gen. ch. xvi, v. 12.

(2) Gen. chap. xviii, v. 18.

traverseront les siècles, comme un grand fleuve traverse un lac sans mêler ses eaux.

Moïse donnera dans le désert des lois à l'un de ces peuples, mais ces tables ne contiendront, en dix articles, que les lois *écrites* qui avaient déjà régi et gouverné ses aïeux. Ses lois réglementaires et particulières n'auront pour but que de conserver et de maintenir l'alliance faite entre ce peuple, dans la personne de ses ancêtres, et Dieu.

Tant qu'il sera fidèle à ce pacte, à son alliance, c'est-à-dire à ses institutions théocratiques, non-seulement il résistera à de puissans voisins, mais encore il les rendra tributaires; viendra-t-il à abandonner Sion, pour aller avec les filles de Moab sacrifier sur les hauteurs? des plaies sans nombre et terribles le forceront bientôt à revenir à l'arche d'alliance, jusqu'à ce qu'enfin, fatigué par l'inconstance de ce peuple dans le vice comme dans la vertu, Dieu lui fera expier par 70 ans de captivité, ses infidélités journalières. Son existence en corps politique sans confusion avec d'autres peuples, sans mélange, sans alliance étrangère, sera de 1559 ans, et dispersé au milieu des nations, sans gouvernement politique, sans chef, sans autel, il n'éprouvera aucune confusion. Ses seules instructions religieuses le soutiendront au milieu des nations comme le berceau de Moïse au milieu des flots.

Si la naissance et la conservation des empires justifie notre assertion, que les Etats ne sont solidement constitués, qu'en proportion qu'une religion plus ou moins pure, a concouru à leur établissement, quelle force notre démonstration n'acquiert-elle pas par leur mort ou leur extinction ?

C'est la religion seule qui crée, c'est l'absence de toute religion qui détruira.

Le système d'Epicure, ou l'incrédulité païenne, ruina sourdement et prépara la chûte de tous les gouvernemens qui eurent le malheur d'être exposés à son influence perturbatrice. César marchait sur les pas de Lucrèce. Les sujets se départent aussi facilement des lois civiles que des lois religieuses; tous les devoirs étant anéantis, les peuples parleront de leurs droits, et l'insurrection prendra seule le titre du plus saint des devoirs.

C'est ainsi que l'Empire Romain tomba en dissolution, et s'écroula au milieu des nations étonnées ; et ce n'est qu'après avoir été purifiée plusieurs fois par le feu, que Rome, capitale du monde païen, devint digne d'être la capitale du monde chrétien.

Alors sous sa protection, des ruines, des débris de son Empire profâne, s'en élèveront de nouveaux, mais leur formation prendra bien une autre consistance, une autre stabilité. Ce n'est plus sous l'autorité d'une religion avilie, défigurée par les passions des hommes; ce ne sera plus sous la protection de Jupiter-Capitolin, mais sous l'autorité et la protection de l'évangile, que vont désormais se former et se cimenter les sociétés civiles.

C'est sur le vœu et le serment de Clovis, dans les plaines de Tolbach, que repose l'Empire Français; c'est en dressant à la religion du Christ un trône à côté du sien, qu'il consolidera à jamais l'Empire des lys. Pour le détruire, l'ébranler, en vain tous les peuples se réuniront, il bravera toutes les tempêtes; les miracles viendront même à son secours; si tous les héros français sont insuffisans pour le sauver, la bergère de DOMREMI paraîtra, et tous ses ennemis seront confondus et anéantis.

Il résistera, il luttera pendant deux cents ans contre l'hérésie, mais il terrassera cette hydre. De ces combats, de ces tempêtes, il sortira plus grand, plus fort, dans la personne de Louis XIV.

Pendant 13 siècles, cet Empire aura bravé tous les assauts, essuyé tous les orages, éprouvé tous les fléaux sous lesquels tant d'états ont succombé, mais il lui restera une épreuve à passer à laquelle aucun autre n'a résisté: c'est celle de l'impiété. Il y paraissait même inaccessible. Le Français inconstant, léger, frivole dans ses goûts, dans ses caprices, n'avait jamais été fixe stable, constant jusqu'à l'opiniâtreté même, que dans l'amour de sa religion et de son Roi. Identifiant ces trois idées, Dieu, Patrie, le Roi, la France avait engendré des héros non-seulement plus grands, plus magnanimes, plus gigantesques que ceux de l'antiquité païenne, mais encore hors de toute proportion avec ceux des nations voisines et de ses contemporains. Son amour pour ses rois avait été constamment le caractère distinctif de ce peuple ; il regardait comme un bienfait un regard de son père ; au milieu de ses misères, au milieu de ses calamités, levait-il les yeux sur son souverain, il oubliait ses douleurs, ses malheurs et ses peines.

Pour miner, pour ébranler, pour détruire l'antique édifice de Clovis, l'enfer fera des efforts dont les fastes de l'histoire n'ont jamais présenté d'exemple.

Au milieu du paganisme l'impiété avait sans doute fait de grands ravages, mais ses efforts n'avaient jamais été qu'en proportion de ce qu'elle avait à détruire ; elle pouvait aisément rire aux dépens du dieu Pan, du dieu Terme, et arracher des jardins les dieux qui y croissaient ; il n'était donné qu'à la religion chrétienne de mettre l'enfer en mouvement, parce que cette religion seule lui suscitait de véritables ennemis ; comme il ne peut y avoir de véritable impiété qu'au sein de la véritable religion , comme il ne peut y avoir d'attaque réelle que là où il y a une défense réelle, l'impiété n'avait jamais été dans le cas de déployer toutes ses ressources, toutes ses ruses , tous ses moyens, que contre la religion du Christ, retranchée dans le cœur des Français comme dans une forteresse inexpugnable.

Avant de publier les droits de l'homme contre le trône, l'enfer proclama les droits de l'homme contre l'Eternel. Avant de lever l'étendard tricolore ou de la révolte contre son roi, le Français était depuis long-temps en insurrection contre Dieu ; il y avait long-temps qu'il avait applaudi aux leçons des docteurs qui lui disaient:

» *L'athéisme est le seul système qui puisse*
» *conduire l'homme à la liberté, au bonheur,*
» *A LA VERTU* (1).

» *Le Dieu des Juifs, des Chrétiens, n'est*
» *qu'un fantôme* (2).

» *L'athée est plus vertueux que celui qui*
» *croit en Dieu* (3).

Jamais les pages de l'histoire ne présentèrent une conjuration sacrilège aussi étendue, aussi

---

(1) Système de la nature, *tome II*, p. 382.
(2) Fréret. Lettre de Thrasibule à Leucippe.
(3) Jean-Jacques Rousseau. Nouv. Hél. *tome IV*, let. 8.

vaste, aussi opiniâtre, aussi active, dans laquelle tous les genres de talens eurent leur part de complicité. Elle étendit ses ramifications dans toutes les classes de la société, depuis le palais de nos Rois jusqu'à la chaumière ; depuis l'académie jusque dans les tavernes. L'impiété s'assit sur les marches du trône, dans le sanctuaire de la justice ; elle arracha à l'histoire ses burins pour répandre sur ses tables ses poisons corrosifs, et par un prestige, un enchantement inoui, surnaturel, la conjuration trouva son appui, là même où elle ne devait rencontrer que des obstacles et des ennemis.

C'est la noblesse elle-même qui recueille, protège, réchauffe dans son sein ces êtres impurs ; elle applaudit aux leçons des docteurs, elle les paie, elle les salarie. Que dis-je ? elle les déifie. Si le Ciel en soulage la terre, c'est la noblesse qui en fait l'apothéose. Blasphémant le Dieu des *Duguesclin*, des *La Hire*, des *La Trimouille*, des *Bayard*, elle court à ERMENON-VILLE en pélerinage (1). Elle assiste avec dévo-

____

(1) A peu de distance de Senlis, au village d'Ermenonville, à 8 lieues de Paris, était un parc appartenant au seigneur du lieu. C'est-là que les convulsionnaires philosophes dressèrent un mausolée, au milieu d'une chétive éminence, qu'il décorait du nom fastueux de l'*Isle des Peupliers*. C'est-là, sur les cendres du grand homme, que les pères de famille venaient méditer l'EMILE ; les ma-

tion aux mystères des nécromanciens *Caglios-tro , Mesmer* et *Saint-Germain*. Abjurant la foi de ses pères, elle va se faire initier chez le grand thaumaturge , *Joseph Balsamo* (1), et

gistrats , le CONTRAT SOCIAL , etc. Tous les arts concou-rurent à rendre célèbre le tombeau du *bon et vertueux Jean-Jacques*. Toutes nos femmes du bon ton l'avaient sur leurs tabatières; tous nos boudoirs, nos salons en étaient décorés en gravures et en peintures. Tout Paris courut pleurer le grand homme ; telle femme qui n'eût pas donné une larme aux cendres de son époux, venait s'y livrer aux *idées de tristesse* , aux *idées de mélancolie*. Pour ajouter à la gloire du grand homme , à l'exemple du paganisme , le Seigneur d'Ermenonville fit bâtir deux temples, à la NATURE, à l'ÉGALITÉ, où l'on célébrait les grands mystères de la nature. Sur le frontispice d'un autre dédié à la Philosophie, on lisait : *Falsum stare non potest*. C'est la seule vérité qui devait en sortir.

(1) Dit *Cagliostro* , aventurier, né à Parme , en 1473. Les grands les plus fiers étaient devenus ses humbles cour-tisans. Il reçut , des hommes de tous les rangs , non-seulement des marques de bienveillance et d'estime, mais de vrais hommages , mais des protestations de la plus humble servitude, mais la plus profonde vénération. Le fanatisme monta au point que non-seulement on vit communément en France son portrait , celui de sa femme sur les éventails , sur des bagues, sur des taba-tières, sur des médaillons , mais son buste fut taillé en marbre, coulé en bronze , placé dans les palais des plus grands Seigneurs. Ce n'est point assez , sous l'un de ces bustes , on lisait en lettres d'or cette inscription : *Le divin Cagliostro*. (Vie de Balsamo , p. 43.) Nous aurons bien-tôt occasion de mettre au jour la honte des Lyonnais qui

échanger son or contre un brevet d'immortalité. Le tudesque Mesmer lui apprend que le nom de Dieu doit être rayé de toutes les gothiques histoires, et remplacé par celui de *fluide animal*, qui désormais sera un nozophuge universel; et ces savans viennent honteusement échanger leur christianisme contre les rêves des somnambules et les prodiges des baquets. Voilà ce que ces illustres ignorans appelleront les lumières du 18.ème siècle. Avec Franklin, ils paralyseront la foudre dans les mains de l'Eternel; avec Montgolfier, ils dédaigneront la terre et disputeront à l'aigle l'empire des airs.

O insensés! encore quelques jours, les lumières se répandront, et les peuples des campagnes, répétant les leçons de vos maîtres, diront en vous voyant: *Pourquoi nous paraissent-ils si grands, c'est parce que nous sommes à genoux, levons-nous !* et à la lueur de vos châteaux en flammes, vous *allez lire en plaines campagnes et vos malheurs et les nôtres* (1).

---

s'engouèrent de ce saltimbanque, et leur honteuse dévotion pour sa croix mystique, sur laquelle on voyait ces trois lettres: L. P. D. *Lilium Pedibus Destrue*. Ecrase le Lys de tes Pieds.

(1) La noblesse de France, comme la tribu de Juda, ressemblera à une veuve désolée,... écrasée sous le poids de l'affliction et des douleurs; elle cherchera dans l'ÉMIGRATION un terme à ses maux. Errante au milieu des nations étrangères, ses ennemis ne lui laisseront trouver aucun repos...

Vous avez employé votre or , vos richesses , votre fortune à détruire les temples élevés par la piété de vos aïeux : votre or, vos richesses passeront entre les mains de vos ennemis. *Divitias tuas et thesauros tuos in direptionem, dabo gratis in omnibus peccatis tuis.*

À la suite de l'impiété et de l'hérésie, (le Jansenisme) l'esprit de révolte viendra siéger dans le sanctuaire des lois et prendra place dans les rangs de la haute magistrature. Les ministres de ce temple jetant de côté le glaive de la justice, porteront une main impie et sacrilège sur l'encensoir ; ils deviendront les *exécuteurs de la haute justice pour la* PHILOSOPHIE *dont ils prendront les ordres sans le savoir.* (1) On les verra arracher à la jurisdiction des évêques , des prêtres scandaleux ; s'immiscer dans la discipline ecclésiastique ; et du lieu de leur exil, décréter de prise de corps un prêtre qui,

---

Tandis qu'un ennemi extérieur la harcèlera, l'ennemi intérieur se gorgera de ses richesses et de ses dépouilles..... Ses princes , comme des béliers languissans , chercheront leur nourriture sur des prairies desséchées, et se retireront découragés à la vue d'un ennemi toujours sur leurs pas. Voyez s'il est douleur pareille à la sienne : l'épée les poursuit au dehors , la mort au dedans. Tout ce que ce peuple possédait est devenu la proie de son ravisseur ; parce qu'il a fait alliance avec les ennemis de son Dieu et de son église. JÉR. *L.* 1. *v.* 1 *et suiv.*

(1) 100.ᵉ lettre de Volt. , 1761.

fidèle à sa conscience, à sa foi, à son évêque, aura refusé les sacremens à un hérétique connu, public et obstiné. On les verra tantôt au nom du peuple, d'un ton hypocrite, s'opposer à la perception de l'impôt ; tantôt s'élever contre *l'abolition des corvées* que la bonté du Souverain provoquait. L'on verra les parlemens d'Aix, Rouen, Bordeaux, riches en capitaux maritimes, s'opposer aux sacrifices qu'exige l'Etat protecteur de leurs facultés commerciales.

Echauffés par la doctrine incendiaire des docteurs de Ferney et de Genève, les *Despréminil*, les *Robert-St.-Vincent*, les *Fréteau-St.-Just*, à la tête de leurs collègues, se diront tout-à-coup les représentans du peuple ; dans *des humbles remontrances*, ils apprendront à leurs justiciables, à insulter la majesté Royale ; on entendra un parlement menacer son Roi de sa tutelle (1).

Insolens magistrats ! vous menacez votre Roi

____

(1) *La Cour*, disait le parlement de Bordeaux , *a arrêté que si elle ne reçoit une prompte réponse dudit Seigneur Roi, que toutes les Chambres s'assembleront , samedi 16 du présent mois (16 février 1771), pour prendre de nouveaux moyens de conserver les intérêts du souverain et de ses sujets.* Les moyens indiqués par cette Cour, c'est qu'à la place de son Souverain déchu, la Nation vienne elle-même exercer l'autorité et reprendre ses droits imprescriptibles. (*Remontrances de 1771.*)

Bientôt l'on verra l'audace de ces magistrats s'accroître avec la bonté du monarque , et dans de *très-humbles*, de l'arrivée de la nation et de *ses droits imprescriptibles*. Elle viendra cette nation, encore quelques jours, et sous le nom de *Robinaille*, vous irez expier vos crimes d'impiété et de lèse-majesté, sous la hache nationale.

Pourquoi faut-il qu'en soulevant ce voile d'iniquité, je mette aussi à découvert les plaies du sacerdoce. A Dieu ne plaise que j'insulte à ses malheurs. Mais comme les prêtres sont chargés devant Dieu des vertus comme des vices des nations, et que leur exemple a des limites beaucoup plus étendues que leur empire, les événemens qui se passent au milieu des peuples, ne leur sont jamais étrangers ; et il est essentiel de faire voir qu'il est bien difficile qu'au milieu d'un débordement d'impiété dans un état, les ministres du sanctuaire soient tous innocens. Hélas ! *Héli eut des enfans fils de Bélial, qui méconnaissaient le Dieu dans le temple duquel ils servaient.* Des impies, de nouveaux Héliodores, attirés par les richesses que recelait le tem-

***

de très-respectueuses remontrances, sommer Louis XVI, non plus en leur nom, mais au nom de la *nation plus éclairée, de rendre à ses sujets la liberté.* (Remontrances du parlement de Paris, 11 mars 1788.)

Oui, magistrats ! vos vœux seront exaucés. La nation PLUS ÉCLAIRÉE par vos remontrances incendiaires, fera ce que Louis aurait dû faire, et vous fera expier sur l'échafaud vos crimes de lèse-majesté. La nation plus éclairée sera votre juge et votre bourreau.

ple, avaient pénétré dans le sanctuaire ; plusieurs étaient montés sur le trône sacerdotal en rampant, ils ne s'y étaient assis qu'après avoir été long-temps debout dans les antichambres ; ils ne s'étaient placés à la tête des hommes, qu'après avoir été long-temps à leurs pieds ; des Ménélaüs, des Alcime, rejetés, repoussés de l'Autel, et par leur conscience et par le cri public, avaient appelé à leur secours l'impiété même, et s'étaient fait avec de l'or volé dans le temple même, introniser aux lieu et place des Machabées par des ministres fauteurs d'irréligion. Enfin le sel de la terre se corrompit, les scandales d'un Dubois, d'un Terrai, d'un Bourienne, feront mille fois plus de maux que le généreux martyre des prélats et des prêtres aux Carmes de Vaugirard, n'en pourra effacer. Le sang de tant de victimes pures, offert en expiation sur toutes les parties de la France, Villes, Bourgs et Villages, qui se mêlera au sang le plus auguste, aura peine à laver les blasphêmes d'un Raynal, les impies sophismes d'un Yvon, d'un Mably, d'un Morelet ; les apostasies de tant de Moines, les forfaits des Chabod, des Dom Gerle, des Grégoire, et les scandales des prêtres apostats.

Ces prêtres infâmes qui, au milieu des Clubs patriotiques, devaient devant tout un peuple, abjurer le Dieu de leurs pères, (1) avaient eu aussi leurs précurseurs.

Dans ces jours avant-coureurs de vingt-cinq ans d'affreuses calamités, l'on vit la chaire de vérité convertie en chaire académique. C'était au temple de Melpomène que les successeurs des Apôtres apprenaient l'art de convertir les peuples, et de vils Histrions étaient devenus les professeurs de l'apostolat.

Pour arriver au but que les conjurés avaient formé (la destruction du Trône et de l'Autel), il y avait un obstacle qui eût été invincible à toute autre puissance qu'à l'enfer. Il fallait le surmonter, ou renoncer au projet. Il n'était aucune classe de la société où les conjurés n'eussent des affidés et des adeptes, excepté un seul ordre qui, non-seulement n'avait donné aucun exemple d'apostasie, mais qui enfantait encore chaque jour une nombreuse et vaillante milice contre ces ennemis de l'ordre social. Elle croissait au milieu des périls, elle y prenait ses forces.

C'était le seul et unique boulevard qui n'eût pas été miné, on ne pouvait l'attaquer en détail et lui faire brêche; il fallait de toute nécessité monter à l'assaut, et égorger dans leur poste

---

(1) *Sacerdotes nonne dixerunt : ubi est Deus ? et tenentes legem nescierunt me , et pastores prævaricati sunt in me , et prophetæ prophetaverunt in Baal et idola secuti sunt.* JÉR. ch. XI. v. 8.

des hommes qui étaient toujours prodigues de leur sang pour combattre les ennemis du Christ, sous quelque étendard qu'ils se présentassent. Cette société avait jeté de profondes racines dans toutes les parties du monde, et dans le cœur des rois et dans le cœur des peuples. Partout elle s'était rendue recommandable par ses vertus, par sa science, par l'importance des services qu'elle avait rendus sous l'aspect de la religion, de l'éducation, des arts, du commerce, de l'agriculture.

Où l'impiété ira-t-elle chercher le levier qui doit ébranler, soulever, culbuter cette masse redoutable. Elle appellera sous ses étendards, tous les ennemis de l'*Infâme* (1), sous quelques dénominations qu'ils soient : le Protestant, le Janseniste, le Lutherien se réuniront, se ligueront, se coaliseront contre l'ennemi commun ; et dresseront de concert avec le comité d'Holbach, (2) un acte d'accusation tissu d'impostures et de calomnies ; monteront sur les bancs avec les Juges, et prononceront une sentence sur des crimes qu'ils auront composés. (3)

---

(1) Terme d'argot entre les Philosophes, par lequel ils désignaient la religion Catholique.

(2) Club de Philosophes, tenu chez le baron d'Holbach à Paris, d'où sortaient tous les plans de la conjuration.

(3) Tous les cacouacs devaient composer une meute. Lettre de Voltaire à d'Alembert, 19 janvier, 1757.

Ce n'est pas en France, en Europe seulement que la secte déclarera la guerre à ces ennemis du fanatisme philosophique, elle les poursuivra dans l'Asie, dans l'Afrique. Le trône de l'Empereur de la Chine ne les mettra pas à couvert de la fureur de leurs ennemis; irrités sans doute par les grandes leçons, les exemples sublimes d'apostolat que donnaient les Ricci, les Amiot, les Evêques d'Adran, les Salvaterra, ils iront semer la zizanie dans le champ qu'ils arrosaient de leur sueur et de leur sang, et ces sectaires, d'une main jalouse, stupide, ignorante, détruiront dans la Chine et dans l'Inde, les établissemens des Jésuites, en même temps que les forcenés d'Aranda, Carvalho, Pombal, détruiront de fond en comble la république du Paragay.

Les Jésuites entassés dans des prisons flottantes, lancés à la mer, errant à l'aventure, repoussés de toutes les côtes comme des pestiférés, seront, dans cette carrière de malheurs, les précurseurs du clergé Français qui, en 1794 donnera encore au monde entier un vaste exemple d'héroïsme, au milieu des Bagnes de Brest, de la Rochelle, d'Oleron, et dans les marais de la Guyanne.

Fatiguée par l'importunité des ministres pervers qui gouvernaient l'Europe, Rome anéantit d'un seul mot cette redoutable puissance, qui combattait si vaillamment en faveur des rois malgré les rois, en faveur des peuples malgré les peuples, contre cette horde impie qui minait les Trônes et les Autels.

Le plus difficile était fait, la philosophie était délivrée *des grenadiers du fanatisme et de l'intolérance; les autres n'étaient plus que des pandours, des cosaques, qui ne devaient pas tenir contre les troupes réglées du parti.* (1)

La joie des impies était à son comble, et ils ne pouvaient s'empêcher de rire de l'ineptie des têtes couronnées, qui licenciaient ainsi *leurs régimens des gardes.* (2) Cependant leur joie fut bientôt tempérée, en apprenant que Catherine et Frédéric, qui ne partageaient pas les fureurs des Choiseul, des Pompadours, des Ripert de Monclar, etc., leur donnaient un azile et protégeaient dans leurs états, les restes infortunés de cette société dont le nom seul leur inspirait encore de la terreur. (3)

----

(1) Lettre de Voltaire à d'Alembert.

(2) Expression de d'Alembert qui écrivait au Roi de Prusse. *Il est plaisant de proposer à un Pape de détruire cette brave milice, c'est le traité des loups avec les brebis, dont la première condition fut de renvoyer leurs chiens.* — *Le Patriarche de Ferney rit beaucoup aux dépens du Pape* (détruisant les Jésuites).

(3) *Je crains, Sire, que d'autres princes que vous qui ont arraché cette cigüe de leur jardin, n'aient un jour la fantaisie de VOUS EN EMPRUNTER DE LA GRAINE*

Enfin tout est prêt pour l'explosion prochaine, le moment va arriver : *il y a encore, il est vrai, quelques fanatiques, mais dans dix ans il n'y en aura plus à Paris,* disait le grand Lama, *croyez-moi sur ma parole. — Ce qui me consolera quand je partirai de ce monde, c'est que j'y laisserai une pépinière d'honnêtes gens qui s'étend et se fortifie tous les jours. — Petit-à-petit on limera les dents aux* MONSTRES *Ecclésiastiques, on rognera leurs ongles. Je laisse à mes contemporains des limes et des ciseaux.* (1)

Tanta vis morbi, atque uti tabes plerosque civium animos invaserat.

Un mal-aise général s'empare de toutes les têtes, la fermentation devient universelle, mille cris isolés ne forment bientôt qu'un seul

---

POUR LA RESEMER CHEZ EUX. — Tout en riant, je ne dois pas dissimuler à V. M., que la Philosophie a été un instant alarmée de lui voir conserver cette graine. — Lettres des 14 décembre, 1767, juin, août, 1769, etc. Rien n'est curieux comme cette correspondance du Roi de Prusse. On voit que Frédéric était bien loin de partager les fureurs du parti. Dans son désir de bouleverser l'Europe, il était fauteur secret de cette exécrable secte, qui devait détruire la France, mais il accueillait chez lui tout ce qui pouvait affermir ses états.

(1) Lettre de Voltaire à Mad. du Deffaut, 12 décembre, 1768. — Au comte d'Argental, 15 septembre, 1775.

cri, de toutes parts on n'entend s'élever qu'un seul et unique blasphême.

« Qu'est-il donc ce tout-puissant, pour que
» nous le servions? — Qu'est-ce que ce Dieu
» dont on parle toujours, et qu'on ne voit
» jamais? — S'il existe, qu'il se montre, qu'il
» parle lui-même. — Qu'avons-nous besoin
» d'intermédiaires entre lui et nous? — Im-
» portun fantôme! retire-toi! laisse-nous. —
» Faudra-t-il toujours trembler devant tes prê-
» tres? — Faudra-t-il que notre raison s'humi-
» lie toujours devant cette orgueilleuse en-
» geance? — Faudra-t-il que la vérité soit tou-
» jours obscurcie par les vapeurs de l'encen-
» soir? — Non, non, il est temps que la raison
» reprenne ses droits; si tu es, tu te feras con-
» naître à nous et à nos enfans; tu nous diras
» ce que tu demandes de nous et ce que tu
» demandes d'eux. — Va, laisse-nous, nous ne
» parlerons plus de toi, ni de tes lois, ni de
» ta justice, ni de ta miséricorde. — Tout ce
» qui existe nous déplaît, parce que tout ce qui
» existe parle de toi; nous voulons tout détruire
» et tout refaire sans toi; — sors de nos con-
» seils, sors de nos académies, sors de nos
» maisons, — nous saurons bien agir *seuls*, la
» raison nous suffit. » (1)

---

(2) *Qui dixerunt Deo : recede à nobis, et scientiam viarum tuarum nolumus.*

Comment Dieu a-t-il puni cet exécrable délire? Il l'a puni comme il créa la lumière : par une seule parole. — FAITES ! — a-t-il dit, et le monde politique a croulé. (1)

Voilà, Rois, Princes, Législateurs, Grands et peuples de la terre ; voilà la source fétide de cette horrible révolution ; voilà la source des calamités sans nombre qui ont accablé toutes les classes de la société, parce que toutes indistinctement s'y sont abreuvées. Elle ne tarira point, tant que ceux qui gouvernent , qui sont à la tête des peuples, ne la fermeront pas et ne découvriront pas cette autre source pure , de bonheur et de félicité dans laquelle nos pères se désaltéraient. Des ruines immenses la couvrent, mais elle existe encore. Il est temps que les rois, les grands, les peuples , abandonnant les maximes funestes de cette engeance philosophique, comprennent une fois dans un siècle que les mœurs font la honte ou la gloire des Empires; qu'elles les consolident, ou les agitent, ou les bouleversent : que c'est dans la religion et dans les mœurs que les loix trouvent leur sanction et leur garantie ; qu'elles suppléent aux lois insuffisantes et corrigent les mauvai-

---

Quis est omnipotens ut serviamus ei, quid nobis prodest si oraverimus illum. Job , chap. XXI.

(1) Essai sur le principe générateur , par M. de Maitre.

ses ; que c'est au milieu des vertus privées et domestiques que *surgissent* ces citoyens sublimes qui font l'éclat et la gloire des nations ; que les vertus publiques ne sont autre chose que le résultat et le produit nécessaire des vertus domestiques. Que l'art de régner n'est que celui de savoir attacher par un lien indissoluble l'ordre moral à l'ordre politique ; que c'est dans la conscience des peuples que reposent la force de toute loi qui commande et le bonheur de celui qui obéit. Que c'est en réunissant en un seul et même faisceau toutes les consciences, qu'un gouvernement opposera une puissante digue aux passions, et qu'il en brisera les ressorts. Que la même morale étant commune aux rois, aux ministres, aux magistrats, aux peuples, la conscience de ces hommes dépositaires et interprêtes des lois, parlera le même langage que celle de leurs subordonnés.

L'expérience fatale et cruelle que nous venons de faire de notre raison, ne nous a que trop appris que sans le flambeau d'une religion révélée, nous marchons en tâtonnant dans les ténèbres, au milieu des précipices, et que tous nos pas ne sont que des chutes.

Ne dites plus, hommes puissans, que la religion est faite pour le peuple, qu'à défaut de raison, elle doit éclairer ses pas ; que c'est un frein nécessaire seulement dans sa bouche, pour le rendre souple et docile ; qu'à vous , la RAISON suffit, qu'elle seule a droit de commander à votre esprit. Comprenez enfin, et une fois pour toutes, que vos écrits , vos discours , votre impiété-pratique dévoileraient votre funeste secret; que les peuples ne seraient pas long-temps dupes de l'impôt que vous mettriez sur son ignorance et sa crédulité.

Un abyme immense a été ouvert au milieu de nous. Louis XVI , comme Décius, s'y est précipité ; une multitude d'illustres victimes l'y ont suivi, dans l'espoir de le fermer. Généreux mais inutile dévouement ! Déjà il a englouti et les coupables et les innocens ; des générations entières s'y sont précipitées pêle-mêle.... Il n'est pas comblé, il demande encore des victimes.

Depuis vingt-cinq ans le glaive du Très-Haut brandit sur nos têtes, il n'est point encore rentré dans le fourreau, il ne s'est point refroidi, A peine s'est-il reposé..... (1) C'est l'impiété qui a creusé cet abyme , c'est elle qui a armé le bras du Tout-Puissant, il ne posera ses foudres que lorsque la religion aura rendu au trône, des sujets fidèles, des ministres éclairés sur le véritable intérêt des peuples, des magis-

____

(1) *O mucro Domini , usquequo non quiesces ! Ingredere in vaginam tuam , refrigerare et sile.*

trats intègres qui sauront faire respecter les lois, contenir les savans dans le respect qu'ils doivent aux mœurs et à la morale, et qui leur évitant la honte de donner dans des écarts toujours funestes, détruiront ce plébiscisme littéraire qui a causé parmi nous tant de ravages.

ERRATA.

Page 25, ligne 25, dans quelques exemplaires, lisez : *communes*, au lieu de *concurrens*.

Page 26, ligne 6, lisez : *immunités*, au lieu de *indemnités*.

Page 52, ligne 28, lisez : *institutions*, au lieu de *instructions*.

Page 59, note prem., 2.ᵉ ligne, dans quelques exempl. lisez : *veuves désolées*, au lieu de *villes désolées*.

Page 65, note 3, dans quelques exemplaires, lisez : *cacouacs*, au lieu de *cacouais*.

OBSERVATIONS CRITIQUES

Sur un article inséré dans la feuille dite La Quotidienne, *du 12 septembre* 1815.

Quand on rencontre, dans une feuille accréditée par les principes purs et vrais qu'elle professe journellement, une erreur grave ou du moins une opinion louche qui peut donner lieu à une hérésie politique, c'est rendre au rédacteur et au public un service essentiel que de la leur signaler.

L'auteur de la Quotidienne, dans sa feuille du 12 septembre, art. *Variétés*, prétend,

1.° Que les royalistes purs *veulent* une constitution ;

2.° Qu'ils *s'imaginent* qu'il vaut mieux qu'elle soit donnée par le Roi..... que prescrite au Roi ;

3.° Que les royalistes purs voudront que *toutes les religions soient honorées et respectées.*

Les royalistes purs n'ont jamais rien *voulu*, ils ont désiré, ils ont demandé, ils ont obtenu de la bonté de leur souverain, une charte constitutionnelle. Ils l'ont, ils en sont jaloux ; d'accord avec leur souverain, ils feront tout pour la conserver. Ils savent que dans une monarchie, il n'y a que les factieux qui *veulent*, et que les sujets fidèles désirent, demandent, et obtiennent presque toujours ce qui doit contribuer à assurer leur bonheur, parce que le bonheur du souverain dans une monarchie, est essentiellement le même que celui de son peuple.

Les royalistes purs ne *s'imaginent* pas, mais ils croient que le pouvoir législatif réside essentiellement dans la personne du Roi ; qu'une constitution est un bienfait qui doit émaner de la volonté libre du souverain ; que le peuple peut et doit d'autant moins la lui prescrire, que si, par malheur, il l'obtenait par violence ; elle serait frappée d'anathême, et que cette usurpation absurde, indécente et sur-tout *nulle*, loin d'être un bienfait pour le peuple, serait pour lui une source de calamités.

Ils croient que le pouvoir du Roi n'est pas autre chose que celui du père de famille, qu'il est aussi sacré, aussi réel, aussi étendu ; que ce pouvoir n'est pas plus son domaine, que la propriété du peuple ; qu'il n'a pas plus la faculté de l'aliéner, que le peuple a celle de l'usurper ; que ce pouvoir sera nul, faible ou exagéré dans ses mains, si celui dont l'univers est le domaine, n'imprime pas dans le cœur des peuples un sentiment irrésistible de respect pour la personne de son délégué sur la terre, ou si lui-même ne fait pas prévaloir , dans le cœur de ses sujets , le sentiment de la divinité.

Ils *croient* que cette munificence royale envers son peuple , dans la concession de sa charte, n'aura de stabilité, de force, ne pourra se garantir contre les ravages du temps et les passions des hommes , qu'autant qu'elle sera mise sous la sauve-garde et la protection immédiate de la religion *nationale* , qui est la première de toutes les constitutions, la seule et véritable base des empires.

Ils se rappellent que Moïse déposa dans l'arche sainte le livre de la loi, que les Romains portèrent dans le temple de Jupiter Capitolin les XII Tables , et que tous les peuples du monde ont mis leurs lois sous la sauve-garde de leur religion *nationale.*

Ils se rappellent que la France a existé quatorze siècles , sans qu'aucun Français eût de constitution dans sa poche , comme disait Thomas Penn ; mais elle avait une religion *nationale.*

Ils savent que l'Espagne n'a point de constitution dans le sens de nos législateurs modernes , que cependant , depuis onze cents ans cet empire existe , qu'il a bravé tous les genres de calamités , sans que sa constitution physique en ait été altérée ; enfin , que dans ces dernières années cette nation vient de nous prouver qu'un état peut être robuste sans avoir un parchemin appelé Constitution, lorsqu'il a, comme l'Espagne, une religion essentiellement *nationale*.

Instruits par les vingt-cinq ans de calamités qu'ils viennent de traverser, ils ont vu d'ineptes, mais impies législateurs, renverser et culbuter la seule, unique, et véritable base de l'Empire Français, et vouloir remplacer ce soubassement, posé de la main de l'Eternel, par des lois purement humaines. Insensés ! ils ne savaient pas, ces Atlas et Briarées modernes, que l'homme peut détruire, mais rien construire. Et, dans cette entreprise de géans aux cent bras, qu'ont-ils fait? Rien autre, que de nous donner une leçon bien humiliante, mais bien importante. N'en profiterons-nous pas ?

Un homme qui aurait construit une maison sans chaux ni ciment, qui l'aurait vu crouler cinq ou six fois de suite, malgré ses changemens de plan, et qui, en dépit de l'expérience de tous les siècles, en dépit des conseils de tous ses voisins, persisterait à vouloir en élever et en construire encore une de la même manière, ne serait-il pas un fou ?

Enfin, l'Auteur de la Quotidienne prétend que les royalistes purs voudront que *toutes les religions soient honorées et respectées*. Ceci est susceptible d'une explication : si, par *hon-*

neur et respect que le royaliste portera à toutes
les religions , Monsieur le Rédacteur entend ,
cette bienséance de société qui consiste à n'offenser et à ne heurter personne pour son opinion religieuse ; si ce respect pour les opinions
d'autrui , n'est autre chose que celui que nous
devons avoir pour les propriétés des personnes ;
en un mot, si c'est un simple honneur et
respect extérieur , Monsieur le Rédacteur a
complètement raison ; pourvu , toutefois que
toutes ces religions soient en harmonie parfaite
avec l'ordre social , ce qui sera fort rare , car
il est plus d'une secte religieuse , même chrétienne , qui se trouve, par principes, en opposition avec les gouvernemens en général , et
sur-tout avec la monarchie. On sait qu'il en
est quelques-unes à qui toute hiérarchie civile
ou religieuse fait horreur ; que les Saturniens,
les Adamistes , les Iconoclastes, pourraient
fort bien s'attirer la haine des plus tolérans
royalistes, s'il leur prenait fantaisie de réaliser
leurs rêves au pied du trône de Louis. Un royaliste serait-il absolument forcé de respecter et
d'honorer MM. les fédérés , si , à l'exemple
des (1) Huguenots, se masquant sous un scapu-

---

(1) C'est une chose digne de remarque que le mot
Huguenot n'est autre chose que la corruption du mot
allemand EIDGENOSS , qui veut dire , *fédéré*. Les protes-

laire, ils venaient un beau matin, non plus sous le nom de la philosophie, mais sous celui d'une nouvelle religion, nous proclamer, à l'exemple de Mahomet, les révélations des Prophètes *Rousseau* et *Voltaire* ; s'il leur prenait fantaisie d'élever encore une fois des temples à la *Liberté*, à la déesse de la *Raison*, avec les pierres de nos églises ! *La Théophilantropie* n'est-elle pas aussi une *religion* ? Faudra-t-il l'honorer et la respecter dans son Hyérophante La Revillière-Lepaux ? En un mot, les factieux, les perturbateurs de l'ordre social, échapperont-ils à la vindicte publique, au mépris de tous les honnêtes gens, de tous les citoyens paisibles, parce qu'ils se couvriront du masque d'une religion, parce que, sur leur étendart tricolore, ils auront placé l'image de S. Napoléon ?

Un royaliste honnête homme sait qu'il ne doit troubler et inquiéter personne pour son opinion religieuse, tant que cette opinion manifestée au dehors, et par son essence, ne trouble pas l'ordre public. S'il en était d'une opinion religieuse, comme celle des *Gluckistes*

---

tans prirent ce nom à la fameuse fédération de Smakalden. C'est comme Huguenots ou *fédérés*, qu'en tout temps on leur a fait laguerre.

Stosch. *Versuch ueber die gleichbedeutenden Woerte*, **T. IV**, p. 598.

et des *Piccinistes*, pour la musique, si elle n'intéressait en rien l'ordre public, et sur-tout la morale, ce serait une folie que de s'en occuper. Le citoyen honorera et respectera le médecin, à quelque école qu'il appartienne : qu'il soit *occurentiste*, qu'il soit *expectantiste*, qu'il soit *methodiste*, etc. peu lui importe. Son école, quelle qu'elle soit, suppose le bien physique de l'espèce humaine ; et il sait que par diverses routes on peut, dans la carrière des sciences physiques, découvrir de nouveaux filons.

Dieu a abandonné toute la création comme une vaine pâture à la vanité des hommes ; ils peuvent tout à leur aise remuer, scruter, fouiller dans les archives de la nature, et lui arracher, s'ils peuvent, tous ses secrets ; ils peuvent se disputer entr'eux, *sans offenser personne*, sur leurs opinions respectives : *Mundum tradidit vanæ disputationi eorum*. Mais en fait de morale politique et religieuse, c'est autre chose, tout ce qui est *vrai*, a été *toujours* en *tout temps*, en *tous lieux*, connu de tout peuple civilisé ; l'Eternel n'a rien laissé à l'arbitraire de l'homme ; il ne l'a point abandonné à la fluctuation, aux oscillations de ses pensées. L'Evangile a été, pour ainsi dire, œcuménique, c'est-à-dire, universel dès sa naissance, avant même d'être écrit, parce qu'il était *vrai*.

Or , un honnête homme attaché à une religion la *croit* ou *doit* la croire essentiellement *vraie* , et , par conséquent , les autres *fausses*. Et comment honorera-t-il, respectera-t-il toutes les religions ? Certes , il n'est pas un Européen à qui on pourrait persuader d'honorer et de respecter la religion de ce Brâme qui ne se croit heureux qu'en mourant avec la queue d'une vache dans les mains.

Mais au surplus, ne nous y trompons pas, et rappelons-nous que tout homme qui, d'un œil prétendu philosophique, regarde avec indifférence tous les cultes , et qui dit que *toutes les religions sont bonnes* , est un ignorant en fait de religion, même de la sienne ; un ignorant en fait d'histoire , même de celle de son pays, Rappelons-nous que celui-là qui va tour-à-tour sacrifier , et sur le mont Garizim , et sur la montagne de Sion , ira avec la même légèreté et la même inconstance , du trône de Louis , se jeter aux pieds d'un soldat couronné ; que tout homme qui dit que *toutes les religions sont bonnes* , dira également (moyennant pension) que *tous les gouvernemens sont bons* , et il criera : *Vive le Roi ! vive la Ligue !*

Nous terminerons cet article , en observant que c'est de dessous ce manteau de vague *tolérance* et d'*autorité populaire* , que sont sortis tous les monstres qui nous ont gouvernés depuis vingt-cinq ans , les Mirabeau , les Barnave , les Condorcet , etc. ; les Robespierre, les Collot-d'Herbois , les Chabot , les Debri , etc. ; les Dumolard , les Thibaudeau , les Barrere , enfin les fédérés , qui ne diffèrent que du masque de leurs pères les Huguenots. C'est sous le masque de la Philosophie qu'ils ont commis tous les brigandages dont leurs aïeux s'étaient rendus coupables sous celui de la religion.

Poursuivis comme fédérés , ils reprendront le manteau de philosophes ; et ainsi masqués , ils essayeront de repomper le poison que leurs pères nous ont vomi , pour nous le revomir encore.

Poursuivis comme philosophes , ils se diront quakers , puritains , anabaptistes , presbytériens. Que sais-je? ils prendront une livrée religieuse , et sous tous les masques , leur cri de ralliement sera toujours : *Périssent le trône et l'autel.*

Telle est l'opinion d'un royaliste qui, loin de sa ville natale , se fait gloire d'appartenir à une cité qui , par son attachement constant et inviolable à la foi de ses pères , et à ses princes légitimes , a justifié son immortelle devise :

DEO ET CÆSARI FIDELIS PERPETUO.